对比Excel、Python在旅游大数据分析中的应用与实践

吕春丽　梁　赞◎著

电子科技大学出版社
University of Electronic Science and Technology of China Press
·成都·

图书在版编目(CIP)数据

对比 Excel、Python 在旅游大数据分析中的应用与实践 / 吕春丽，梁赞著. -- 成都：成都电子科大出版社，2024. 11. -- ISBN 978-7-5770-1224-7

Ⅰ. F59-39

中国国家版本馆 CIP 数据核字第 2024Z84P37 号

对比 Excel、Python 在旅游大数据分析中的应用与实践

吕春丽　梁　赞　著

策划编辑　卢　莉
责任编辑　卢　莉
责任校对　雷晓丽
责任印制　段晓静

出版发行　电子科技大学出版社
　　　　　成都市一环路东一段 159 号电子信息产业大厦九楼　邮编　610051
主　　页　www.uestcp.com.cn
服务电话　028-83203399
邮购电话　028-83201495

印　　刷　成都市火炬印务有限公司
成品尺寸　185 mm×260 mm
印　　张　12.25
字　　数　320 千字
版　　次　2024 年 11 月第 1 版
印　　次　2024 年 11 月第 1 次印刷
书　　号　ISBN 978-7-5770-1224-7
定　　价　58.00 元

前　言 | Foreword

随着信息技术的飞速发展，大数据已成为推动各行业创新与转型的关键力量之一。在旅游领域，这一趋势尤为显著。2023年11月，文化和旅游部印发了《国内旅游提升计划（2023—2025年）》等一系列文件，旨在推动文化旅游产业高质量发展，实现文化与旅游的深度融合。在此背景下，大数据技术在旅游行业的应用日益受到重视，成为推动旅游业转型升级的关键因素。

本书正是在这样的背景下编写而成的。本书以Windows 10+Anaconda为运行环境，深入探讨了Python在旅游大数据领域的应用，并与Excel进行对比，以期为广大读者提供更为高效的数据分析手段。

本书的编写背景和主要内容如下。

1. 紧跟国家文旅政策，助力旅游业发展

本书紧密结合国家文旅政策，围绕旅游业发展的热点、难点问题，运用Python这一强大的数据分析工具，为旅游行业提供解决方案。通过阅读本书，读者可以更好地发现大数据在旅游业中的价值，为我国文化旅游业的发展贡献力量。

2. 对比Excel，彰显Python在旅游大数据分析中的优势

Excel在数据处理方面具有强大的功能，但在面对海量旅游数据时，其处理速度和效率难以满足需求。本书通过对比Excel的相关功能，展示了Python在数据处理、分析、可视化等方面的显著优势，帮助读者提高数据分析能力。

3. 实战导向，通俗易懂

本书以实战为导向，结合旅游行业的典型案例，讲解Python在旅游大数据分析中的具体应用。书中所有程序代码均经过实际运行检验，内容通俗易懂，适用于对数据分析感兴趣的初学者及旅游从业者。

本书的出版是基于2021年重庆市教委科技项目（项目编号：KJQN202104602）、2023年重庆市教委科技项目（项目编号：KJQN202304606和KJQN202304603）、重庆市教育科学规划课题一般课题“标准引领、AI赋能”高职院校教师数字素养提升路径研究与实践（项目编号K24YG3290383）和校级课题（YJCG2023001）的研究成果。

由于作者水平有限，书中错漏在所难免，敬请读者批评指正。

目　　录 | Contents

第一章　旅游大数据分析概述

第一节　旅游大数据分析的概念

一、数据分析及应用

数据分析是指运用统计学、机器学习、数据挖掘等方法，对搜集到的数据进行处理、分析、解释和可视化，从而发现数据背后的信息、趋势、模式或关联性，为相关决策提供支持。

当今的数字时代，海量的数据涌出，人们需要从海量的数据中挑出有用的数据，就需要对数据进行分析，所以数据分析应用于生活中的方方面面，如金融行业、制造业、市场营销、大型商业超市、旅游业等，具体如图 1-1 所示。

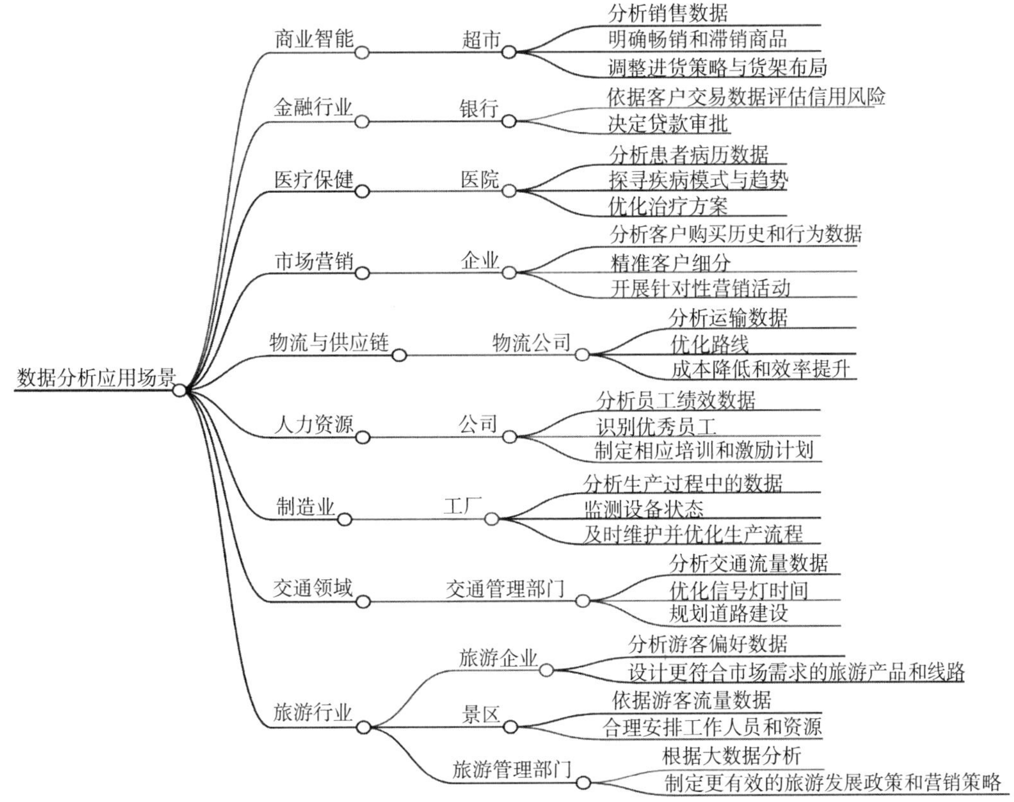

图 1-1　数据分析应用场景

二、旅游大数据分析及应用

旅游大数据分析是数据分析在旅游行业的应用，主要针对旅游行业的消费者行为、偏好、旅游产品、市场趋势等方面进行深入挖掘。通过分析旅游数据，可以帮助旅游企业或政府部门了解旅游市场的现状和趋势，优化产品设计，提升服务质量，制定有效的市场推广策略。

随着人们生活水平的提高和生活质量的提升，越来越多的人和家庭每年都会游览不同的景区，随之就会产生大量的旅游数据。因此，数据分析在旅游行业的应用至关重要。图1-2是数据分析在旅游行业中的具体应用场景。

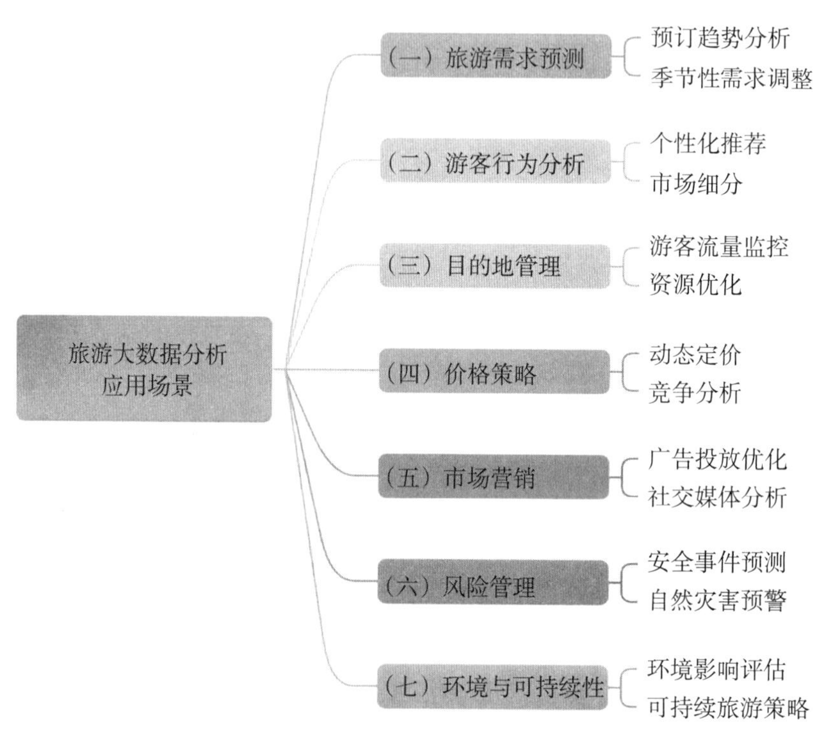

图1-2　旅游大数据分析应用场景

（一）旅游需求预测

预订趋势分析：通过分析历史预订数据，预测未来的旅游需求，帮助旅游企业和在线旅行社（OTA）优化库存和定价策略。

季节性需求调整：识别旅游季节性变化，提前调整营销策略和资源分配，以满足不同季节的旅游需求。

（二）游客行为分析

个性化推荐：通过分析游客的消费行为、兴趣偏好等数据，对目标客户进行精准定位，推送个性化的旅游产品和服务信息。

市场细分：根据游客的年龄、性别、地域等数据，进行市场细分，制定针对性的营销计划。

（三）目的地管理

游客流量监控：通过实时数据分析，监控热门景点的人流量，避免过度拥挤，保障游客安全。

资源优化：分析游客对旅游资源的利用情况，优化基础设施建设和维护，提升游客体验。

（四）价格策略

动态定价：根据市场需求、季节变化等因素，实时调整旅游产品价格，最大化收益。

竞争分析：分析竞争对手的定价策略，保持竞争力。

（五）市场营销

广告投放优化：根据游客的在线行为，优化数字广告的投放策略，提高广告转化率。

社交媒体分析：监控社交媒体上的旅游相关讨论，了解游客情绪，提升品牌形象。

（六）风险管理

安全事件预测：通过分析历史安全事件数据，预测可能的安全风险，如在重大节假日或活动期间，通过大数据分析保障游客的安全和秩序。

自然灾害预警：结合气象数据和旅游计划，提前向游客发出自然灾害预警，保障游客安全。

（七）环境与可持续性

环境影响评估：通过数据分析，评估旅游活动对环境的影响，制定环境保护措施。

可持续旅游策略：利用数据分析推动可持续旅游实践，平衡经济发展和环境保护。

通过旅游大数据分析，旅游行业能够利用数据分析来提升运营效率，增强客户满意度，优化资源配置，以及提高行业竞争力。所以，数据分析已经成为旅游业决策和创新的重要工具。

第二节　旅游大数据分析的流程

结合数据分析的一般流程，旅游大数据分析通常遵循以下步骤。

一、明确目标和问题

在分析旅游数据之前，需要明确分析的目标和要解决的关键问题。比如目标是为了提升客户满意度、优化定价策略、预测旅游需求等。

二、旅游数据采集

从各种渠道搜集与旅游相关的数据，这些数据可以来自线下的渠道，如酒店预订系统、机场旅客统计等，也可以来自互联网和社交媒体平台，如在线旅游网站、社交媒体评论等。数据的质量和完整性对分析结果有重要影响，因此需要注意数据的准确性和可靠性。

三、数据清洗和处理

在搜集到数据后，需要进行数据清洗和处理。这包括去除重复值、处理缺失值、处理异常值等，以确保数据的准确性和完整性。此外，还需要对数据进行标准化和格式转换，以便后续的分析。

四、旅游数据分析

在数据清洗和处理完成后，可以对旅游数据进行分析。这包括使用统计技术、机器学习算法和数据挖掘工具，识别数据中的模式、趋势和相关性。同时，可以进行探索性数据分析（EDA），以理解数据的特征、分布以及任何潜在的关联。

五、结果呈现

将数据分析的结果以图表、文字等方式进行可视化呈现，以便更直观地表述想要呈现的信息、观点和建议。这有助于决策者和相关人员更好地理解分析结果。

六、结果解释

通过解释分析结果，提炼出对旅游业务有价值的信息。并根据分析结果评估之前的需求定义和假设，进行验证或修正。

七、决策应用

根据分析结果制定相应的业务策略和行动计划，并将分析结果应用到实际操作中，如调整旅游营销策略、提升游客体验服务等。

八、持续优化和改进

旅游大数据分析不是一次性的工作，而是需要持续进行优化和改进的过程。根据分析结果和应用反馈，可以不断调整和优化数据分析的流程和方法，以提高分析的准确性和效率。

总之，旅游大数据分析的步骤包括明确目标和问题、数据采集、数据清洗和处理、数据分析、结果呈现、结果解释以及持续优化和改进等。这些步骤相互关联、相互依存，共同构成了完整的旅游大数据分析流程。

第三节　常用的数据分析工具

对于旅游大数据分析来说，数据分析工具尤为重要。下面介绍四种常用的数据分析工具。

一、Excel电子表格

Excel是微软公司开发的一款电子表格软件，拥有强大的数据处理、分析和可视化功能。它提供了数据透视表、图表、公式和函数等多种工具，可以方便地进行数据清洗、转换、计算和可视化等操作。

对初学者来说，容易上手，操作简便，功能强大，能够满足大多数数据分析的基本需求。但对于大规模的数据处理和分析，Excel可能会显得“心有余而力不足”，性能上可能不如其他专业工具；同时，Excel在数据可视化和交互性方面也有一定的局限性。

二、Python语言

Python是一种全能型高级编程语言，拥有丰富的数据分析库和工具，如NumPy、Pandas、Matplotlib和Scikit-learn等。Python的数据处理和分析能力很强大，适用于各种规模的数据集。

Python的灵活性高，可以自定义各种数据分析方法和模型。它拥有庞大的社区和丰富的资源，可以快速找到解决方案。此外，Python的语法简洁易读，学习成本相对较低。但是Python的学习曲线可能比较陡峭，对于初学者来说可能需要一定的时间和精力来掌握。

三、R语言

R是一种专门针对统计分析和可视化的编程语言，拥有强大的统计分析功能和丰富的可视化工具。R在数据科学领域有广泛的应用。

R的统计分析功能强大，内置了大量的统计方法和模型。它的可视化工具丰富多样，可以满足各种数据可视化的需求。R的社区活跃，资源丰富，可以方便地获取帮助和支持。但是R的语法对于初学者来说比较难掌握。它的性能可能不如其他工具，特别是在处理大规模数据集时。而且R的图形用户界面（GUI）相对较弱，可能需要借助其他工具来实现更好的交互性。

四、SQL语句

SQL是结构化查询语言，主要用于数据库中的数据检索和分析。它能够快速处理大量数据，支持复杂的数据操作和查询。但是语法相对复杂，主要用于关系型数据库，对非结构化数据的支持有限。

数据分析工具有许多种，每种数据分析工具都有自己的优缺点，选择哪种工具取决于具体的数据分析需求、个人技能和预算等因素。在实际应用中，可以根据需要选择一种或多种工具来组合使用，以达到最佳的数据分析效果。

本书主要采用Python，对比Excel进行旅游大数据分析。

如统计某旅游景区3月1日至3月10的游客总人数，假设这10天的游客人数分别为10、20、30、40、50、60、70、80、90、100。

在Excel中实现，结果如图1-3所示。

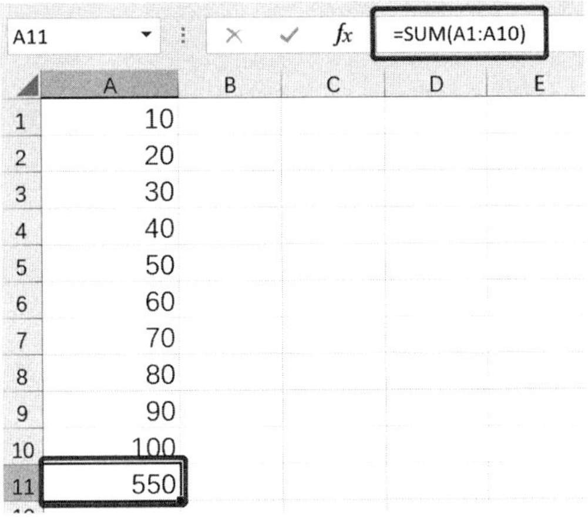

A11　　　fx　=SUM(A1:A10)

	A	B	C	D	E
1	10				
2	20				
3	30				
4	40				
5	50				
6	60				
7	70				
8	80				
9	90				
10	100				
11	550				

图 1-3　Excel 中使用求和函数

步骤 1：输入数据，在 Excel 工作表的 A1 到 A10 单元格中输入数据（10，20，30，40，50，60，70，80，90，100）。

步骤 2：计算总和，填充在 A11，则在 A11 单元格中输入公式 =SUM(A1:A10)。按下 Enter 键，Excel 将自动计算 A1 到 A10 单元格的总和，并在 A11 单元格中显示结果。

在 Python 中实现，代码及运行结果如下。

```
data = [10, 20, 30, 40, 50, 60, 70, 80, 90, 100]
total_sum = sum(data)
print(total_sum)
```

```
550
```

第二章 Python数据分析环境搭建

第一节 初识Python

Python是一种高级的、解释型的编程语言，它由Guido van Rossum创建，并在1991年首次发布。它以简洁明了的语法和强大的标准库而闻名。Python支持多种编程范式，包括面向对象、命令式、函数式和过程式编程。

以下是Python语言的一些关键特点。

（1）简洁易读：Python的设计哲学强调代码的可读性和简洁性。它使用类似英文的关键字，让新手更容易理解和学习。

（2）可扩展性：Python允许嵌入C语言和C++代码，使得它能够快速执行计算密集型任务。

（3）开源：Python是开源的，拥有活跃的社区，这意味着它有大量的第三方库和框架，可以用于各种应用开发。

（4）跨平台：Python可以在多种操作系统上运行，包括Windows、Mac OS X、Linux等。

（5）多用途：Python广泛应用于Web开发、自动化、数据分析、机器学习、科学计算等领域。

（6）面向对象：Python支持面向对象编程，允许程序员定义类和对象，以及继承和多态性。

（7）强大的标准库：Python有一个庞大的标准库，提供了许多用于日常编程任务的模块和包。

（8）异常处理：Python提供了一套完整的异常处理框架，使得错误处理更加方便。

（9）交互式编程：Python提供了交互式解释器，允许用户在不编写完整程序的情况下测试和调试代码。

（10）易于维护：Python的代码通常更短，且易于维护和更新。

Python是一种功能强大、易于学习和使用的编程语言，适用于各种应用场景。Python的这些特性使其成为初学者和专业开发者都喜爱的编程语言之一。随着数据科学和机器学习的兴起，Python的流行度更是不断增加。在2024年4月的编程语言排行榜上，Python仍然位居第一，如图1-4所示。

Apr 2024	Apr 2023	Change	Programming Language	Ratings	Change
1	1		Python	16.41%	+1.90%
2	2		C	10.21%	-4.20%
3	4	↑	C++	9.76%	-3.20%
4	3	↓	Java	8.94%	-4.29%
5	5		C#	6.77%	-1.44%
6	7	↑	JavaScript	2.89%	+0.79%
7	10	↑	Go	1.85%	+0.57%
8	6	↓	Visual Basic	1.70%	-2.70%
9	8	↓	SQL	1.61%	-0.06%
10	20	⇈	Fortran	1.47%	+0.88%

图1-4　2024年4月编程语言前10排行榜

第二节　Python环境搭建

搭建Python环境是进行Python数据分析的第一步。本节主要介绍Python环境搭建的两种方式：一是使用Python官方安装包，二是使用Anaconda来搭建。

一、使用Python官方安装包

（一）下载Python安装包

访问Python官方网站（https://www.Python.org），点击“Downloads”，如图1-5所示。根据操作系统选择合适的Python版本进行下载，如图1-6所示。

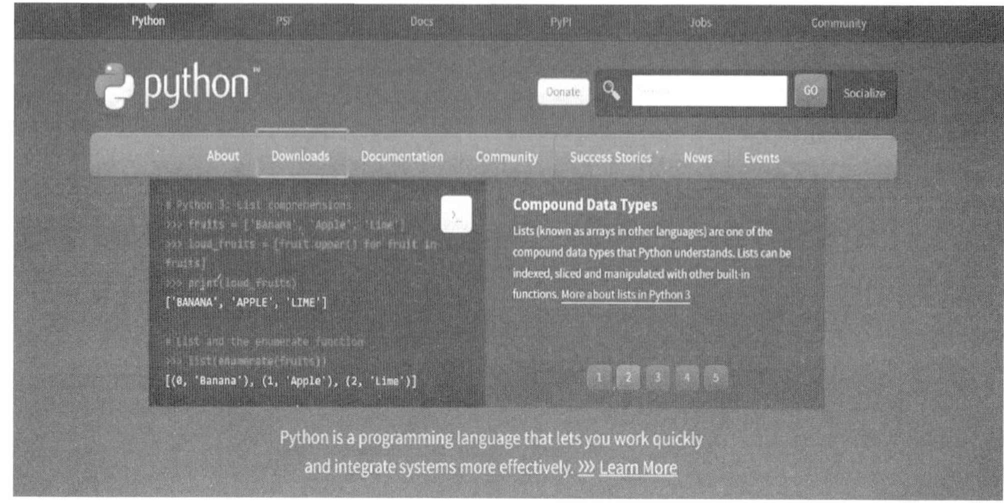

图1-5 Python官网下载位置

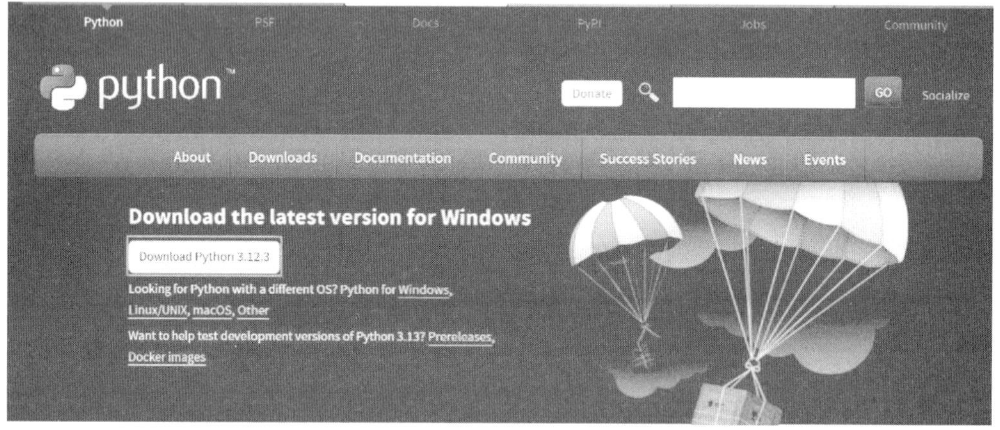

图1-6 选择合适的Python安装包

（二）安装Python

对于Windows系统，下载的是一个可执行的安装程序（.exe），双击图标即可运行。在图1-7中，一定要勾选“Add Python.exe to PATH”，这样可以将Python安装路径添加到环境变量中，安装完成后无须手动配置环境变量。然后点击“Install Now”，并遵循安装向导进行安装。

图 1-7　Python安装界面

（三）验证安装

打开终端或命令提示符，输入Python命令来验证Python是否正确安装，如图1-8所示，表示Python安装成功。

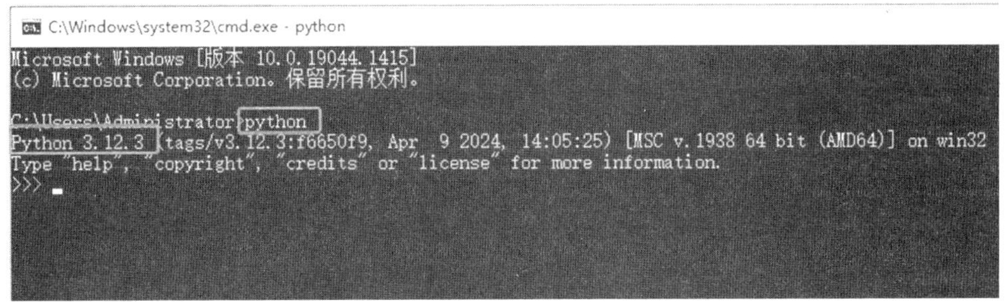

图 1-8　验证Python安装成功界面

二、使用Anaconda搭建

（一）什么是Anaconda

Anaconda是一个开源的跨平台Python发行版本，支持Windows、Mac OS和Linux操作系统。它集成了大量用于数据科学和机器学习的工具和库，如NumPy、Pandas、Scikit-learn等，为数据分析和科学计算提供了极大的便利。

与其他环境搭建工具相比，Anaconda的优势主要体现在以下几个方面。

（1）强大的包管理器：Anaconda附带的conda包管理器可以方便地安装、升级和管理Python包，解决了包依赖关系的问题。

（2）灵活的环境管理：Anaconda可以创建和管理多个独立的Python环境，使得在不同项目中使用不同版本的Python和库变得简单。这对于数据科学和机器学习项目来说尤为重要，因为不同的项目可能需要使用不同的Python版本和库版本。

（3）跨平台支持：Anaconda可以在多种操作系统上运行，使得用户可以在不同平台上使用相同的环境和工具，提高了工作效率和通用性。

（二）Anaconda的下载及安装

第1步，打开Anaconda的官方网站（https://www.anaconda.com/），如图1-9所示，点击“Download Now”，即可跳转到下一页。

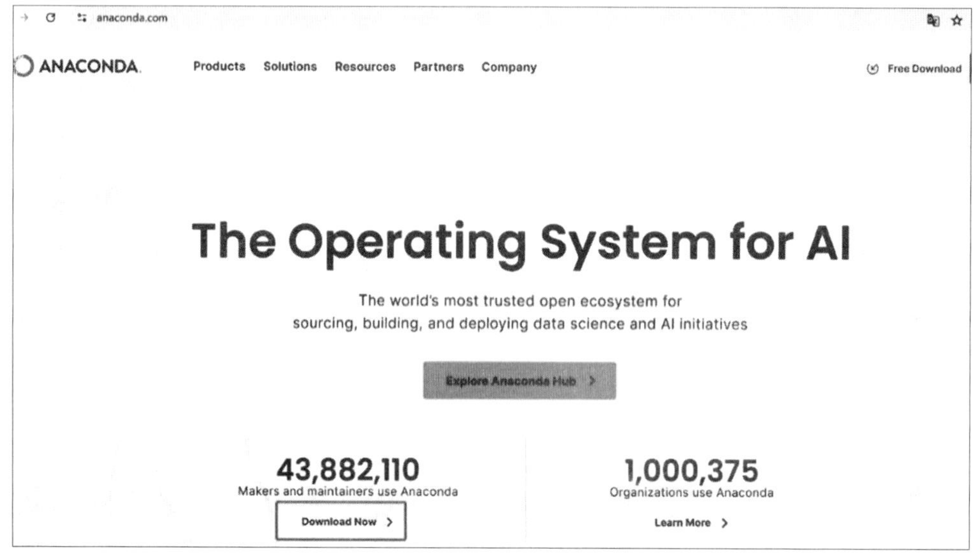

图1-9　Anaconda的官网下载位置

第2步，在图1-10所示的页面可以选择填写自己的邮箱地址，并勾选同意接收邮件，然后点击“Submit”，也可以直接点击“Skip registration”，都可以进入下一页面。

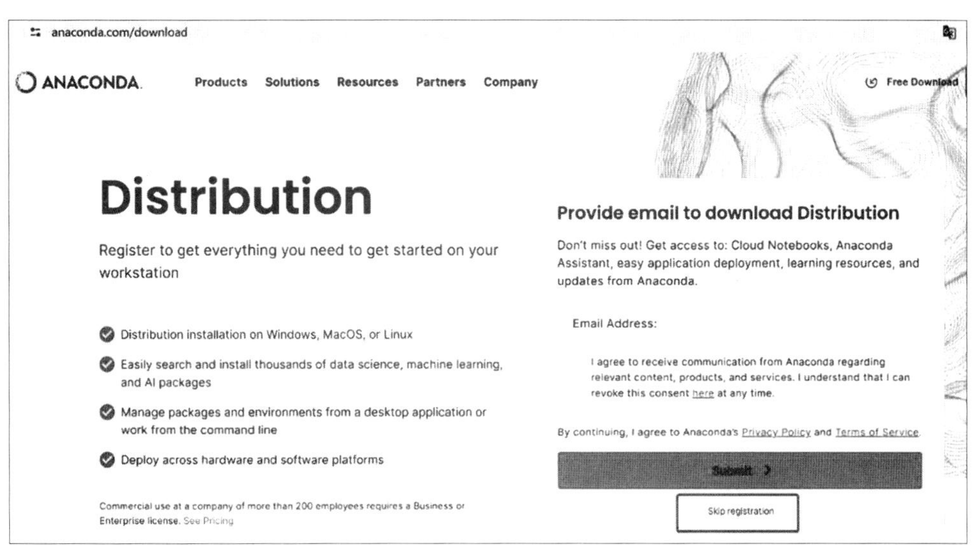

图1-10　下载Anaconda的中间过程

第3步，根据自己的操作系统，选择合格的安装包下载。本书以Windows系统为例，具体选择如图1-11所示。点击下载链接后，浏览器将开始下载Anaconda的安装程序。下载完成后，可以在浏览器的下载管理器或系统的下载文件夹中找到该.exe文件。

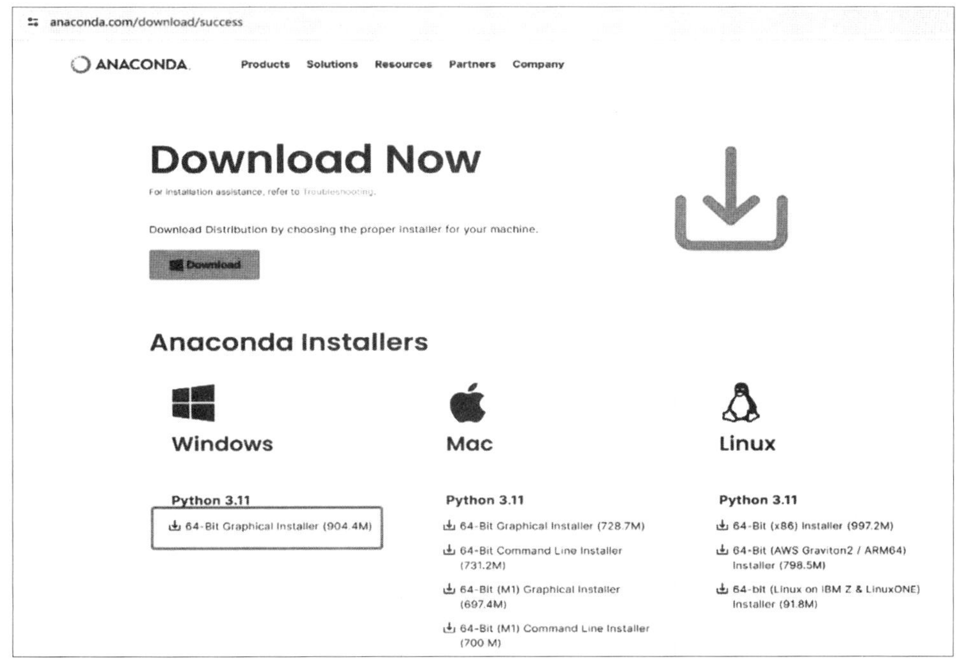

图1-11　选择适合Windows的Anaconda安装程序

第4步，Anaconda的安装。找到刚下载的文件Anaconda3-2024.02-1-Windows-x86_

64.exe，双击该文件，即可开始安装，按照安装向导的指示完成安装。安装过程中需要同意许可协议，选择安装类型（通常是“Just Me”或“All Users”），点击“Next”按钮，再选择安装路径，可以采用默认的路径，这样不易出错，再点击“Next”按钮，出现的安装窗口会提示是否将Anaconda添加到环境变量中，在这个窗口将2个复选框都勾选，单击“Install”，如图1-12所示，直到安装完成。

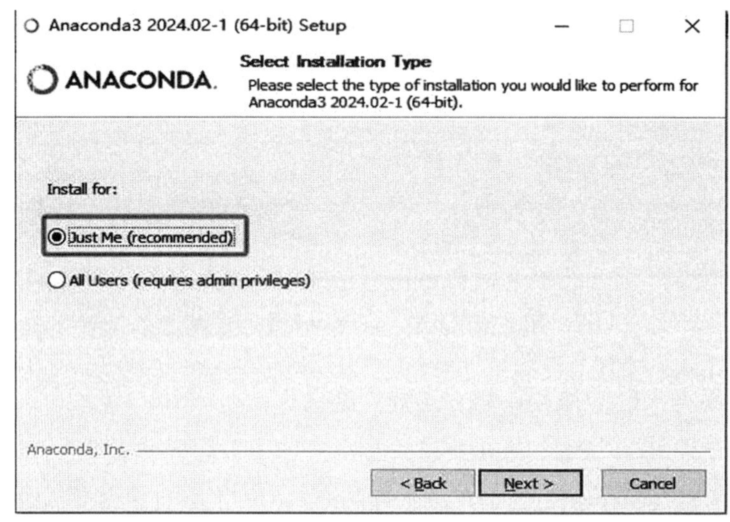

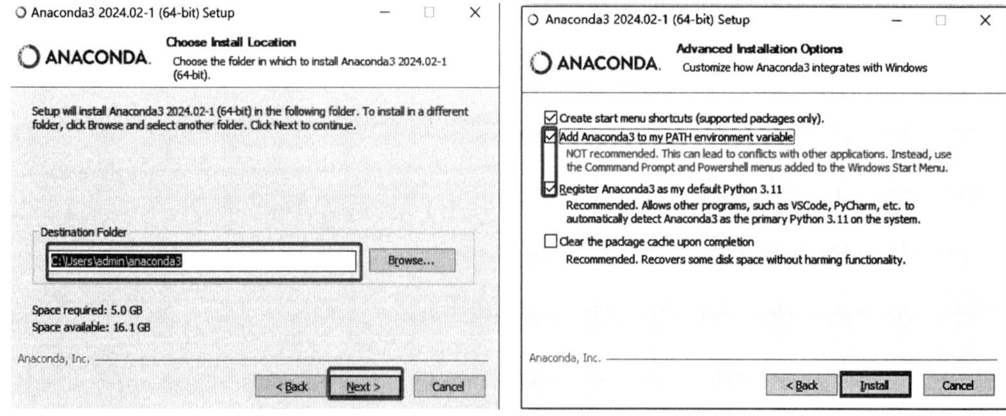

图1-12　Anaconda的安装界面

第5步，安装完成后，可以打开开始菜单，在此菜单中可以看到多了一个目录，即“Anaconda3（64-bit）”，如图1-13所示。

三、Anaconda3（64-bit）目录介绍

从图1-13可以看到，该目录下有Anaconda Navigator、Anaconda Powershell Prompt、Anaconda Prompt、Jupyter Notebook、Reset Spyder Settings、Spyder。下面将逐一介绍其功能特点。

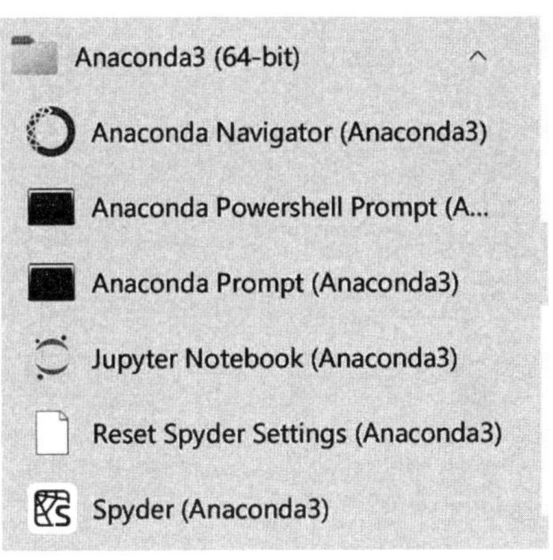

图1-13 Anaconda3目录

（一）Anaconda Navigator

Anaconda Navigator 是 Anaconda 发行版中包含的桌面图形用户界面（GUI），可让用户在不使用命令行命令的情况下启动应用程序并轻松管理 conda 程序包、环境和通道。它的主要功能如下。

（1）管理环境：可以创建、切换和管理不同的 Python 环境，每个环境可以安装不同的库和工具，以避免不同项目之间的库冲突。

（2）安装和管理包：在 Anaconda Navigator 的“Home”选项卡中，可以看到可用于安装的不同包。可以搜索并安装新包，也可以为每个环境选择特定的包。

（3）应用程序启动：用户可以通过 Anaconda Navigator 方便地启动各种应用程序，如 Jupyter Notebook、Spyder 等集成开发环境（IDE），以及其他 Anaconda 中的工具和资源。

（4）学习和交流：Anaconda Navigator 的“Learning”和“Community”界面提供了有关 Python 和数据科学的学习资源和交流平台，可以帮助用户更好地学习和使用 Python。

Anaconda Navigator 是一个非常方便的工具，可以帮助用户更轻松地使用 Anaconda 和 Python 进行数据科学和机器学习开发。通过其直观的图形界面和强大的功能，用户可以更加高效地管理应用程序、包和环境，提高开发效率。工作界面如图 1-14 所示。

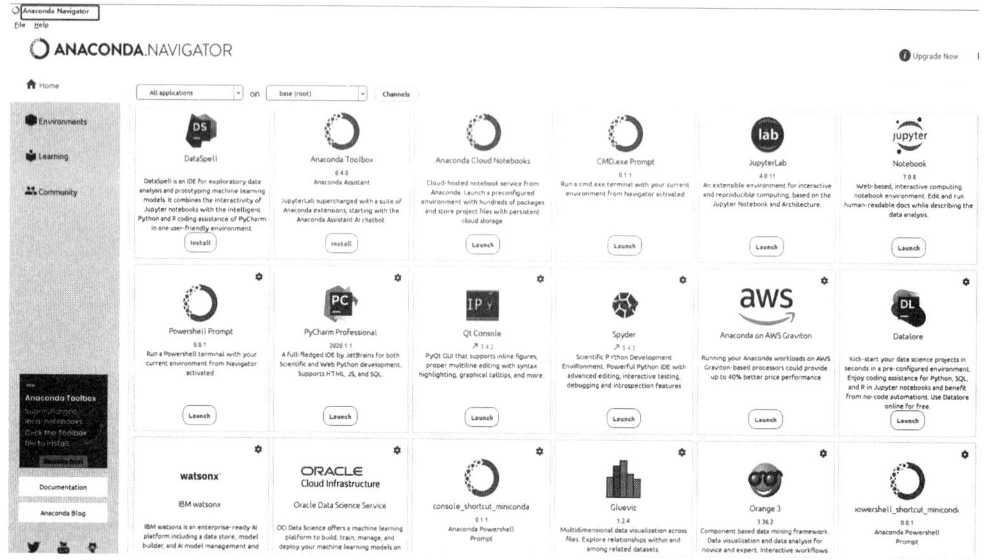

图 1-14　Anaconda Navigator 工作界面

（二）Anaconda Powershell Prompt

Anaconda Powershell Prompt 是 Anaconda 发行版中提供的一个 PowerShell 终端，它为 Windows 用户提供了一个集成了 Anaconda 环境和工具的命令行界面。它提供了一个基于 PowerShell 的交互式环境，方便用户管理和运行 Anaconda 中的 Python 环境和软件包。它可以使用 Anaconda PowerShell Prompt 来激活和管理不同的虚拟环境，安装、更新和删除 Python 包，以及执行其他与 Anaconda 相关的任务。这个工具提供了更简单的方式来管理 Python 环境。工作界面如图 1-15 所示。

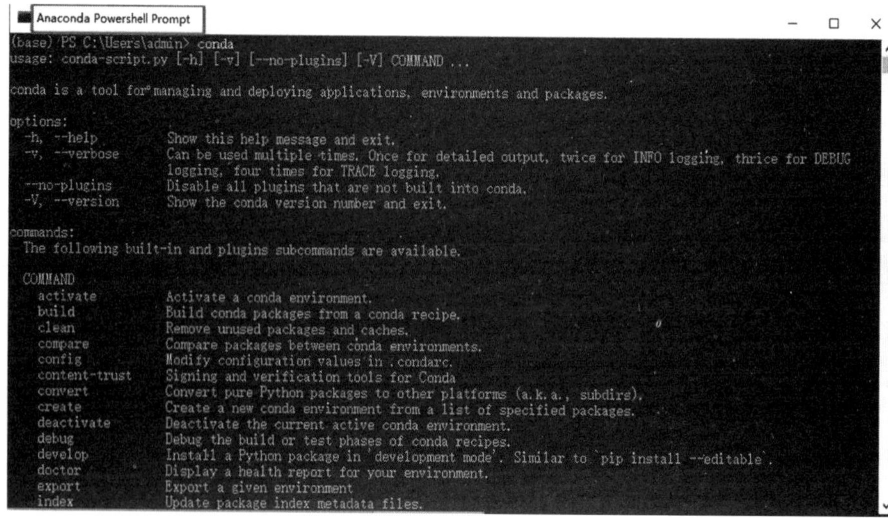

图 1-15　Anaconda Powershell Prompt 工作界面

（三）Anaconda Prompt

Anaconda Prompt 是 Anaconda 发行版中预先安装的命令行工具，它提供了一个基于命令行的界面，用于管理和操作 Anaconda 环境中的软件包、环境变量等。通过 Anaconda Prompt，用户可以方便地创建、激活、删除、更新 Anaconda 环境，以及安装、卸载、更新软件包等操作。同时，Anaconda Prompt 还支持使用 conda 命令行工具来管理 Python 虚拟环境，以及使用 pip 命令行工具来安装 Python 软件包。工作界面如图 1-16所示。

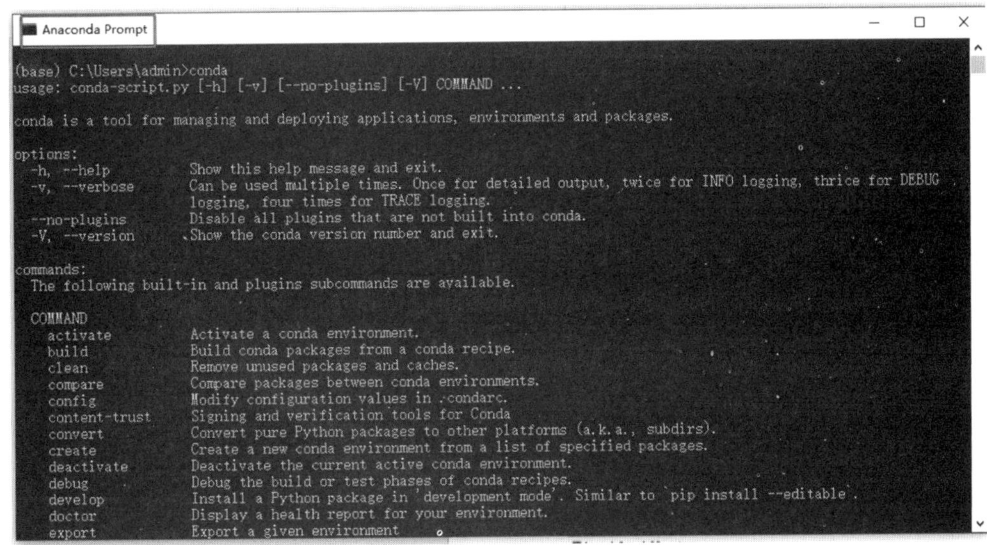

图 1-16 Anaconda Prompt 工作界面

Anaconda Powershell Prompt 和 Anaconda Prompt 是 Anaconda 发行版中两个不同的命令提示符工具。它们的基础环境、命令支持、集成功能都存在区别。

（四）Jupyter Notebook

Jupyter Notebook 是一款开源的 Web 应用程序，允许用户创建和共享包含实时代码、方程、可视化和解释性文本的文档。它被广泛用于数据科学、机器学习和科学计算等领域。使用界面如图 1-17 和图 1-18 所示，它的主要功能如下。

（1）交互式编程：允许用户以交互的方式编写和运行代码。你可以在一个单元格（cell）中编写代码，然后执行它，并立即查看结果。

（2）数据分析：支持多种数据格式，如 CSV、Excel、SQL 等，可以方便地进行数据清洗、分析和可视化。

（3）文档编写：可以将代码、文本、图像、视频等内容集成在一个文档中，方便记录和分享数据分析的过程和结果。

（4）团队协作：可以将 Jupyter Notebook 文档分享给团队成员，方便团队协作和交流。

（5）可扩展性：支持多种编程语言，如 Python、R、Julia 等，可以根据需要扩展功能。

（6）数据可视化：支持多种可视化库，如 Matplotlib、Seaborn、Plotly 等，可以方便地创建各种类型的图表。

图 1-17　Jupyter Notebook 工作界面中新建笔记本 Python 3

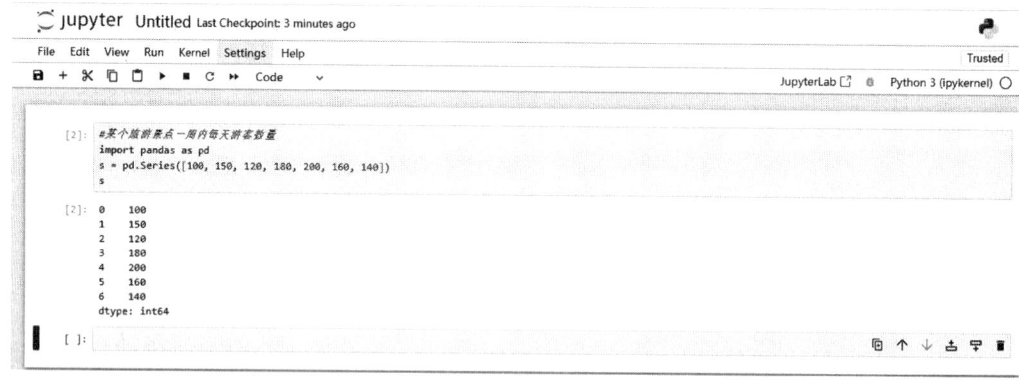

图 1-18　Jupyter Notebook 创建的笔记本 Python 3 工作界面

（五）Spyder

Spyder 是一个功能强大的交互式 Python 语言开发环境，特别适合科学家、数据分析师和工程师使用。Spyder 的主要功能如下。

（1）集成性：Spyder 整合了许多科学计算和数据处理的库，如 NumPy、Pandas、

Matplotlib等，无须用户手动配置，提供了一个一站式的开发环境。

（2）科学计算和数据分析：由于集成了多种科学计算和数据分析库，Spyder使用户能够轻松进行数据处理和可视化。

（3）面向对象的科学计算：Spyder具备强大的面向对象的科学计算功能，允许用户以交互式和程序化的方式进行工作。

（4）强大的编辑器：Spyder内置了一个强大的代码编辑器，支持代码高亮、自动补全和代码导航，提高了代码编写效率。

（5）交互测试与调试：Spyder提供了高级的代码编辑、交互测试和调试等特性，使用户能够方便地进行程序开发和调试。

第三章 使用Pandas处理旅游数据

第一节 初识Pandas

一、什么是Pandas

Pandas是一个开源Python数据分析库，也是Python数据分析的必备高级工具。它提供了快速、灵活、明确的数据结构，能够简单、直观、快速地处理各种类型的数据，广泛应用在经济、统计、分析等各个领域。它的数据结构和主要功能如下。

（一）数据结构

（1）Series：一维标签数组，能够保存任何数据类型（整数、字符串、浮点数、Python 对象等）。它有一个轴标签（即索引），你可以通过索引访问其值。

（2）DataFrame：二维的、大小可变的、有潜在异质性类型的表格型数据结构。可以把它看成一个Excel表格，或者SQL表，或者一个字典对象，其中包含了 Series 对象。DataFrame 有行索引和列索引。

（二）主要功能

（1）数据读取和写入：Pandas支持多种文件格式，如CSV、Excel、SQL、JSON、HDF5等。

（2）数据选择和过滤：你可以使用条件索引来选择或过滤DataFrame或Series中的数据。

（3）数据清洗：包括处理缺失值、重复值、数据类型转换等。

（4）数据转换：提供了一系列函数和方法来转换数据，如排序、分组、重塑等。

（5）数据合并：你可以通过连接、合并和联合操作将多个数据集合并为一个。

（6）时间序列分析：Pandas提供了强大的时间序列功能，可以很容易地进行日期范围生成、频率转换、移动窗口统计等。

二、使用Pandas进行旅游大数据分析的必要性

使用Pandas对旅游大数据进行分析，主要体现在以下几个方面。

（1）数据整合与清理：旅游数据可能来自多个来源且格式不一，Pandas 可以方便地将这些数据整合到一起，并进行数据清洗，处理缺失值、异常值等，确保数据的质量。

（2）游客行为分析：通过分析游客的来源地、消费模式、游览景点偏好等信息，以 DataFrame 的形式进行组织和分析，能深入了解游客行为模式。

（3）市场趋势监测：利用时间序列相关功能，监测不同时间段旅游市场的变化趋势，比如不同季节的游客流量变化。

（4）景区管理决策：帮助分析各个景区的游客数量、收入等关键指标，为景区的资源配置、营销推广等决策提供有力支持。

（5）旅游线路优化：根据游客在不同景点的停留时间和流动情况，对旅游线路进行优化，提升游客体验。

（6）绩效评估：对于旅游企业或景点，可以基于Pandas 构建的数据框架来评估运营绩效，如游客满意度与各项指标的关联分析。

第二节　Series对象的创建、访问

一、创建Series

Series是一维标签数组，由一组数据和与之相应的轴标签组成。其中轴标签也称为行标签、索引。

（一）以列表方式传入，省略索引

语法格式：pd.Series([data])。

现将某个旅游景点一年中每月的游客数量表示为一个Series，其中1月到12月的游客数量分别为2000、2300、1800、2100、5000、4500、3500、4000、3000、5600、2400、1800，将上述数据作为一个列表，创建一个Series类对象，在Python中实现，代码如下。

```
#导入pandas
import pandas as pd
#定义series类对象
data1 = pd.Series([2000,2300,1800,2100,5000,4500,
                   3500,4000,3000,5600,2400,1800])
data1
```

运行结果如图3-1所示。

```
0     2000
1     2300
2     1800
3     2100
4     5000
5     4500
6     3500
7     4000
8     3000
9     5600
10    2400
11    1800
dtype: int64
```

图3-1　创建Series的结果

将上述数据在Excel中实现，就相当于在工作表中录入一列数据，结果如图3-2所示。

1	2000
2	2300
3	1800
4	2100
5	5000
6	4500
7	3500
8	4000
9	3000
10	5600
11	2400
12	1800

图3-2　在Excel中实现的结果

从图3-1和图3-2可以看出，两者仅在行标签上显示有区别，其他都是一样的。使用Pandas创建Series时，是省略了索引，默认情况下，索引从0开始。也可以根据需要指定索引。

（二）以列表方式传入，指定索引

语法格式为：pd.Series([data]，index=index)。

现仍使用某个旅游景点一年中每月的游客数据，在创建一个Series类对象时，指定每个数据对应的索引为“1月、2月、3月……12月”，在Python中实现，代码如下。

```
#导入pandas
import pandas as pd
#定义series类对象
data1 = pd.Series([2000,2300,1800,2100,5000,4500,
                    3500,4000,3000,5600,2400,1800],
                   index=['1月','2月','3月','4月','5月','6月',
                          '7月','8月','9月','10月','11月','12月'])
data1
```

运行代码，结果如图3-3所示。

```
1月      2000
2月      2300
3月      1800
4月      2100
5月      5000
6月      4500
7月      3500
8月      4000
9月      3000
10月     5600
11月     2400
12月     1800
dtype: int64
```

图3-3　指定索引创建Series结果

同样的数据，在Excel中实现，就相当于在工作表中录入2列数据，结果如图3-4所示。

1	1月	2000
2	2月	2300
3	3月	1800
4	4月	2100
5	5月	5000
6	6月	4500
7	7月	3500
8	8月	4000
9	9月	3000
10	10月	5600
11	11月	2400
12	12月	1800

图3-4　在Excel中实现的结果

（三）以字典方式传入

语法格式为：pd.Series({index:data})。

现将某个旅游景点一年中每月的游客数量表示为一个Series，其中1月到12月的游客数量分别为2000、2300、1800、2100、5000、4500、3500、4000、3000、5600、2400、1800，指定每个数据对应的索引为“1月、2月、3月……12月”，将上述数据和索引以字典的方式传入Series类对象，在Python中实现，代码如下。

```
#导入pandas
import pandas as pd
#定义series类对象，以字典方式传入数据
data1 = pd.Series({'1月':2000,'2月':2300,'3月':1800,
                   '4月':2100,'5月':5000,'6月':4500,
                   '7月':3500,'8月':4000,'9月':3000,
                   '10月':5600,'11月':2400,'12月':1800})
data1
```

此代码运行后，运行结果同图3-3，这里就不再重复。从上述语法格式和具体代码可以看出，以字典的方式传入Series对象，index就相当于字典的键，data就相当于字典的值。

二、访问Series对象

（一）通过Series的位置索引访问

Series的位置索引是从0开始，如data1[0]表示访问的是第1个数，data1[1]表示访问的是第2个数，假设一共有*n*个数，那么最后1个数的位置索引就是n−1。

现在访问Series对象data1中1月、5月和12月的游客人数。代码如下。

```
In  [4]:  data1[0]
Out[4]:  2000

In  [5]:  data1[4]
Out[5]:  5000

In  [6]:  data1[11]
Out[6]:  1800
```

从代码可以看出，访问1月的游客人数，位置索引为0，访问12月的游客人数，位置索引为11。上述代码是每次返回一个值。也可以将data1中1月、5月和12月的游客人数在一行代码中用print( )输出，具体代码如下。

```
In  [7]:  print(data1[0])
          print(data1[4])
          print(data1[11])

          2000
          5000
          1800
```

这次运行结果左侧没有显示“Out[7]:”标注，因为本次运行结果是调用了函数print( )，直接将结果打印出来，没有返回任何值。

（二）通过Series的标签索引访问

Series的标签索引就是指使用实际的行标签访问，如data1[‘1月’]表示访问1月的游客人数。那么，访问Series对象data1中1月、5月和12月的游客人数。使用标签索引访问，代码如下。

```
In  [11]:  print(data1['1月'])
           print(data1['5月'])
           print(data1['12月'])

           2000
           5000
           1800
```

也可以将data1中1月、5月和12月的游客人数在一行代码中用print( )输出，具体代码如下。

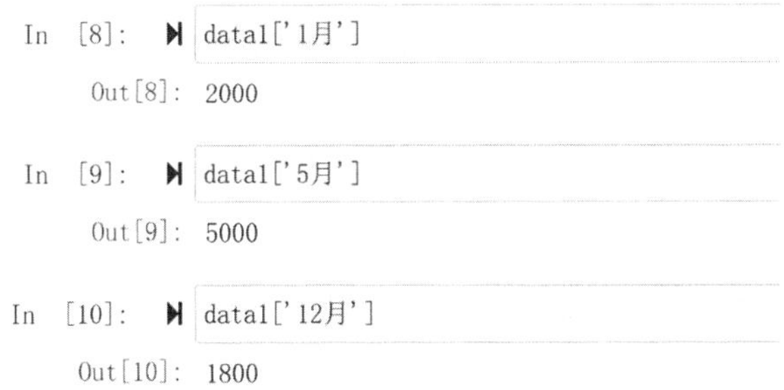

```
In  [8]:  data1['1月']
Out[8]:  2000

In  [9]:  data1['5月']
Out[9]:  5000

In  [10]:  data1['12月']
Out[10]:  1800
```

不管是通过位置索引还是标签索引，在Excel中实现时，都是采用筛选的方式实现。操作步骤为：单击选项卡“数据”，再单击“筛选”，如图3-5所示。

图3-5　“筛选”功能在Excel中的位置

访问1月、5月和12月的游客人数，在Excel中实现的结果如图3-6所示。

2	1月	2000
6	5月	5000
13	12月	1800

图3-6　在Excel中实现的结果

（三）通过Series的位置切片访问

Series的位置切片，主要指使用位置索引获取Series对象中连续的数据，位置切片用0表示访问第1个数据，但是不包含索引结束位置的数据。如访问1月至5月的游客人数，可以使用data1[0:5]来表示。简单来说，就是包头不包尾。

现使用Series的位置切片，访问Series对象data1中1月至6月的游客人数。代码如下。

```
data1[0:6]
```

代码运行结果如图3-7所示。

```
1月     2000
2月     2300
3月     1800
4月     2100
5月     5000
6月     4500
dtype: int64
```

图3-7　访问Series对象data1的运行结果

（四）通过Series的标签切片访问

Series的标签切片，指使用行标签获取Series对象中连续的数据。使用标签切片获取数据时，从哪个标签开始，就直接用该标签名称，到哪个标签结束，也是直接用该标签名称表示。如获取1月至3月的游客人数，则可以表示为data1[‘1月’:’3月’]，也可以简单地说是包头包尾。

现仍访问Series对象data1中1月至6月的游客人数。使用Series的标签切片实现，代码如下。

```
data1['1月':'6月']
```

运行结果如图3-7所示。

同样，不管是通过位置切片访问，还是标签切片访问，在Excel中实现时，操作方法相同，都是通过筛选功能实现，显示结果也是一样，如图3-8所示。

2	1月	2000
3	2月	2300
4	3月	1800
5	4月	2100
6	5月	5000
7	6月	4500

图3-8　在Excel中实现的结果

三、Series对象的属性

Series对象的属性有两个：一个是索引index，另一个是值value。可以通过index和value方法获取创建的Series对象的索引和数据。

现分别获取前面创建的Series对象data1的索引和数据。获取索引代码如下。

```
data1.index
```

运行结果如图3-9所示。

```
Index(['1月', '2月', '3月', '4月', '5月', '6月', '7月', '8月', '9月', '10月', '11月',
       '12月'],
      dtype='object')
```

图3-9　获取data1的索引结果

获取数据代码如下。

```
data1.values
```

运行结果如图3-10所示。

```
array([2000, 2300, 1800, 2100, 5000, 4500, 3500, 4000, 3000, 5600, 2400,
       1800], dtype=int64)
```

图3-10　获取data1的数据结果

上述代码是逐条执行，返回相应的索引和数据。在索引运行结果（图3-9中），dtype='object'表示索引的数据类型是字符型。在数据进行结果（图3-10中），dtype=int64，表示数据的类型是整型。

当然，获取Series对象data1的索引和数据，也可以采用下面的代码。

```
print(data1.index)
print(data1.values)
```

运行结果如图3-11所示。

```
Index(['1月', '2月', '3月', '4月', '5月', '6月', '7月', '8月', '9月', '10月', '11月',
       '12月'],
      dtype='object')
[2000 2300 1800 2100 5000 4500 3500 4000 3000 5600 2400 1800]
```

图3-11　获取data1的索引和数据结果

从图3-11可以看出，使用print()和直接引用属性的运行结果唯一的区别就是，获取数据的时候，使用print()语句的运行结果没有显示数据类型，直接引用属性的运行结果显示的有数据类型。

第三节　DataFrame对象的创建

DataFrame是Pandas库中的一个核心数据结构，它允许我们存储和操作表格型数据。也就是说DataFrame就是一张二维表，它由数据、行索引和列索引构成。它的创建可以通过列表、字典等方式传入。

一、通过列表方式传入，省略索引

语法格式：pd.DataFrame([[data1],[data2],…])。

实例1：现有4个景点，分别是景点A、景点B、景点C、景点D，地点分别在重庆、成都、北京、杭州，门票价格分别为80元、90元、120元、100元。将上述数据作为一个列表，创建一个DataFrame类对象df1。

在Python中实现，代码如下。

```
#导入pandas
import pandas as pd
#创建DataFrame
df1 = pd.DataFrame( [['景点A','重庆',80],
                    ['景点B','成都',90],
                     ['景点C','北京',120],
                     ['景点D','杭州',100]])
df1
```

运行结果如图3-12所示。

	0	1	2
0	景点A	重庆	80
1	景点B	成都	90
2	景点C	北京	120
3	景点D	杭州	100

图3-12　创建DataFrame类对象df1结果

上述数据在Excel中实现，就相当于在单元格中录入数据，显示结果如图3-13所示。

	A	B	C	D	E
1	景点A	重庆	80		
2	景点B	成都	90		
3	景点C	北京	120		
4	景点D	杭州	100		

图3-13　在Excel中实现的结果

二、通过列表方式传入，指定列索引

语法格式：pd.DataFrame(data=[[data1],[],⋯],columns =[column])。

从图3-12可以看出，行、列索引均省略时，默认都是从0开始编号。下面针对4个景点的数据，在创建DataFrame时，指定列索引。具体代码如下。

```
#导入pandas
import pandas as pd
#创建DataFrame,columns指定列索引
df1 = pd.DataFrame(data = [['景点A','重庆',80],
                           ['景点B','成都',90],
                           ['景点C','北京',120],
                           ['景点D','杭州',100]],
                   columns = ['景点名称','地点','门票价格'])
df1
```

运行结果如图3-14所示。

	景点名称	地点	门票价格
0	景点A	重庆	80
1	景点B	成都	90
2	景点C	北京	120
3	景点D	杭州	100

图3-14　指定列索引运行结果

指定列索引，在Excel中实现时，就相当于在给每一列的值加一个列标题。上述数据在Excel中显示的结果如图3-15所示。

	A	B	C	D	E	F
1	景点名称	地点	门票价格			
2	景点A	重庆	80			
3	景点B	成都	90			
4	景点C	北京	120			
5	景点D	杭州	100			

图3-15　指定列索引在Excel中显示的结果

三、通过列表方式传入，指定行索引

语法格式：pd.DataFrame(data=[[data1],[],…],index =[index])。

在创建DataFrame时，可以单独指定列索引，也可以单独指定行索引，下面针对实例1的数据，在创建DataFrame时，指定行索引为“一、二、三、四”。具体代码如下。

```
#导入pandas
import pandas as pd #导入import
#创建DataFrame,index指定行索引
df1 = pd.DataFrame(data = [['景点A','重庆',80],
                            ['景点B','成都',90],
                            ['景点C','北京',120],
                            ['景点D','杭州',100]],
                    index = ['一','二','三','四'])
df1
```

运行结果如图3-16所示。

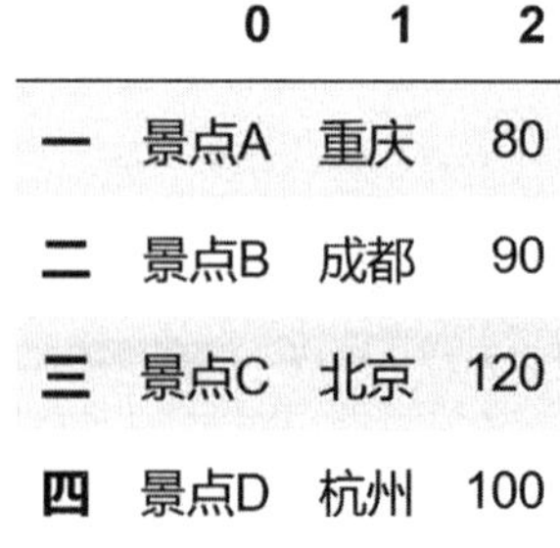

	0	1	2
一	景点A	重庆	80
二	景点B	成都	90
三	景点C	北京	120
四	景点D	杭州	100

图3-16　指定行索引运行结果

指定行索引为“一、二、三、四”，在Excel中实现时，行索引就相当于一列值，与其他列代表意义相同。在Excel中显示的结果如图3-17所示。

	A	B	C	D
1	一	景点A	重庆	80
2	二	景点B	成都	90
3	三	景点C	北京	120
4	四	景点D	杭州	100

图3-17　指定行索引在在Excel中显示的结果

四、通过列表方式传入，指定列、行索引

语法格式：pd.DataFrame(data=[[data1],[],⋯],index =[index],columns = [columns])。

在创建DataFrame时，可以指定列索引，也可以指定行索引。如将上述第二和第三知识点创建DataFrame的方法综合在一起，在创建DataFrame时，指定行索引为“一、二、三、四”；指定列索引为“景点名称、地点、门票价格”。具体代码如下。

```
#导入pandas
import pandas as pd
#创建DataFrame,指定行、列索引
df1 = pd.DataFrame(data = [['景点A','重庆',80],
                           ['景点B','成都',90],
                           ['景点C','北京',120],
                           ['景点D','杭州',100]],
                   index = ['一','二','三','四'],
                   columns =['景点名称','地点','门票价格'] )
df1
```

运行结果如图3-18所示。

	景点名称	地点	门票价格
一	景点A	重庆	80
二	景点B	成都	90
三	景点C	北京	120
四	景点D	杭州	100

图3-18　指定行、列索引运行结果

既指定行索引为“一、二、三、四”，又指定列索引为“景点名称、地点、门票价格”，在Excel中实现时，列索引就相当于列标题，行索引就相当于一列值，与其他列代

表意义相同，在Excel中显示如图3-19所示。

	A	B	C	D
1		景点名称	地点	门票价格
2	一	景点A	重庆	80
3	二	景点B	成都	90
4	三	景点C	北京	120
5	四	景点D	杭州	100

图3-19　指定行、列索引在Excel中显示的结果

五、通过字典方式传入，省略行索引

语法格式：pd.DataFrame({columns:data})。

实例2：现仍使用4个景点名称，分别是景点A、景点B、景点C、景点D，地点分别在重庆、成都、北京、杭州，门票价格分别为80元、90元、120元、100元。将上述数据作为一个列表，创建一个DataFrame类对象。

根据语法格式，{columns:data}中，columns对应字典的key，data对应字典的values。如4个景点名称分别是景点A、景点B、景点C、景点D，可以表示为‘景点名称’:[‘景点A’,‘景点B’,‘景点C’,‘景点D’]}，地点分别在重庆、成都、北京、杭州，可以表示为‘地点’:[‘重庆’,‘成都’,‘北京’,‘杭州’]，门票价格分别为80元、90元、120元、100元，可以表示为‘门票价格’:[80,90,120,100]，具体代码如下。

```
#导入pandas
import pandas as pd
#创建DataFrame,以字典方式传入
df1 = pd.DataFrame({'景点名称':['景点A','景点B','景点C','景点D'],
                    '地点':['重庆','成都','北京','杭州'],
                    '门票价格':[80,90,120,100]})
df1
```

运行结果如图3-20所示。

	景点名称	地点	门票价格
0	景点A	重庆	80
1	景点B	成都	90
2	景点C	北京	120
3	景点D	杭州	100

图3-20　以字典方式传入DataFrame的运行结果

六、通过字典方式传入，指定行索引

语法格式：pd.DataFrame({columns:data},index = [index])。

实例2中创建的DataFrame是通过字典方式传入，省略了行索引，默认的行索引是从0开始编号，而在实际应用中，可以指定行索引。那么根据实例2的数据，将其行索引指定为“一、二、三、四”，具体代码如下。

```
#导入pandas
import pandas as pd
#创建DataFrame,以字典方式传入,指定行索引
df1 = pd.DataFrame({'景点名称':['景点A','景点B','景点C','景点D'],
                    '地点':['重庆','成都','北京','杭州'],
                    '门票价格':[80,90,120,100]},
                   index = ['一','二','三','四'])
df1
```

运行结果如图3-21所示。

	景点名称	地点	门票价格
一	景点A	重庆	80
二	景点B	成都	90
三	景点C	北京	120
四	景点D	杭州	100

图3-21　指定行索引的运行结果

创建DataFrame对象，以字典方式传入数据，其在Excel中的显示结果与以列表方式传入数据的显示结果是一样的，这里就不再重复描述。

第四节　数据的访问

数据的访问可以采用行位置和列位置访问，也可以采用行名和列名访问。

现有某个旅游景点一年中每月的游客数量，1月到6月分别为2000、2300、1800、2100、5000、4500，其中1月第1周到第4周的游客人数分别为550、650、350、450，2月第1周到第4周的游客人数分别为780、670、401、449，3月第1周到第4周的游客人数分别为460、430、540、370，4月第1周到第4周的游客人数分别为680、560、408、452，5月第1周到第4周的游客人数分别为2100、1400、740、760；6月第1周到第4周

的游客人数分别为1800、1300、600、800。

根据上述数据，首先创建一个名为df2的DataFrame对象，具体代码如下。

```
#导入pandas
import pandas as pd
#创建DataFrame,以字典方式传入
df2 = pd.DataFrame({'第1周':[550,780,460,680,2100,1800],
                    '第2周':[650,670,430,560,1400,1300],
                    '第3周':[350,401,540,408,740,600],
                    '第4周':[450,449,370,452,760,800]},
                   index = ['1月','2月','3月','4月','5月','6月'])
df2
```

运行结果如图3-22所示。

	第1周	第2周	第3周	第4周
1月	550	650	350	450
2月	780	670	401	449
3月	460	430	540	370
4月	680	560	408	452
5月	2100	1400	740	760
6月	1800	1300	600	800

图3-22　创建df2的显示结果

一、访问1行数据

（一）行标签索引访问

基于行标签索引，也就是使用行名称访问，需要用到loc属性。

格式为：df2.loc[行标签]。

现在访问3月的游客人数，则具体代码如下。

```
df2.loc['3月']
```

运行结果如图3-23所示。

```
第1周      460
第2周      430
第3周      540
第4周      370
Name: 3月, dtype: int64
```

图3-23　行名称访问1行数据的运行结果

（二）行位置索引访问

使用行位置索引访问，需要用到iloc属性。

格式为：df2.iloc[行所在位置]。

位置索引编号从0，同样的，现在访问3月的游客人数，则具体代码如下。

```
df2.iloc[2]
```

运行结果如图3-24所示。

```
第1周      460
第2周      430
第3周      540
第4周      370
Name: 3月, dtype: int64
```

图3-24　行位置访问1行数据的运行结果

在Excel中实现访问1行数据，操作步骤为：点击“数据”选择“筛选”，然后在月份列里，勾选3月，显示结果如图3-25所示。

	A	B	C	D	E
1		第一周	第二周	第三周	第四周
4	3月	460	430	540	370

图3-25　Excel中访问1行数据的运行结果

二、访问多行数据

访问多行数据，方法与访问1行数据类似，既可以使用行标签访问，也可以使用行位置索引访问。

（一）行标签索引访问

格式为：df2.loc[[行名1，行名2，…]]。

现需要访问1月和4月的游客人数，具体代码如下。

```
df2.loc[['1月','4月']]
```

运行结果如图3-26所示。

	第1周	第2周	第3周	第4周
1月	550	650	350	450
4月	680	560	408	452

图3-26　行名称访问多行数据的运行结果

（二）行位置索引访问

格式为：df2.iloc[[行所在位置1,行所在位置2，…]]。

与行标签访问一样，现需要访问1月和4月的游客人数，具体代码如下。

```
df2.iloc[[0,3]]
```

运行结果如图3-27所示。

	第1周	第2周	第3周	第4周
1月	550	650	350	450
4月	680	560	408	452

图3-27　行位置访问多行数据的运行结果

在Excel中实现访问多行数据，操作方法仍然是：点击“数据”选择“筛选”，然后在月份列里，勾选1月和4月，显示结果如图3-28所示。

	A	B	C	D	E
1		第一周	第二周	第三周	第四周
2	1月	550	650	350	450
5	4月	680	560	408	452

图3-28　Excel中访问多行数据的运行结果

上述操作为访问的是不连续的行数据，若访问的数据是连续的行，如访问1月至4月的游客人数，使用行标签索引访问，具体代码如下。

```
df2.loc['1月':'4月']
```

使用行位置索引访问，具体代码如下。

```
df2.iloc[0:4]
```

代码也可以是这样写：

```
df2.iloc[:4]
```

使用行位置索引访问，一定要注意，访问的数据不包括结束的位置索引，如上面的df2.iloc[0:4]和df2.iloc[:4]实现的功能是一样的，这里都不包括位置索引为4的数据，也就是访问的数据行的位置索引为0、1、2、3，对应的数据行为1月、2月、3月、4月。

使用行标签索引访问和使用行位置索引访问的运行结果如图3-29所示。

	第1周	第2周	第3周	第4周
1月	550	650	350	450
2月	780	670	401	449
3月	460	430	540	370
4月	680	560	408	452

图3-29　访问连续行的运行结果

在Excel中实现访问多行连续的数据，操作方法是：点击“数据”选择“筛选”，然后在月份列里，当前默认是全选，把5月和6月前面的勾取消，即可显示1月到4月的数据，显示结果如图3-30所示。

	A	B	C	D	E
1		第一周	第二周	第三周	第四周
2	1月	550	650	350	450
3	2月	780	670	401	449
4	3月	460	430	540	370
5	4月	680	560	408	452

图3-30　Excel中访问多行连续数据的运行结果

三、访问指定列数据

访问指定列数据，可以直接使用列名访问，也可以用loc和iloc属性访问。

（一）直接使用列名访问

格式为：df2[[列名1，列名2，…]]。

现需要访问每月的第1周和第3周的游客人数，具体代码如下。

```
#导入pandas
import pandas as pd
#创建DataFrame,以字典方式传入
df2 = pd.DataFrame({'第1周':[550,780,460,680,2100,1800],
                    '第2周':[650,670,430,560,1400,1300],
                    '第3周':[350,401,540,408,740,600],
                    '第4周':[450,449,370,452,760,800]},
                   index = ['1月','2月','3月','4月','5月','6月'])
#访问每月的第1周和第3周的游客人数
df2[['第1周','第3周']]
```

运行结果如图3-31所示。

	第1周	第3周
1月	550	350
2月	780	401
3月	460	540
4月	680	408
5月	2100	740
6月	1800	600

图3-31　使用列名访问数据

在Excel中实现访问指定列的数据，如访问每月的第1周和第3周的游客人数，操作方法是：将不需要的列隐藏，将鼠标放在不需要的列的列标处，单击右键选择“隐藏”即可。显示结果如图3-32所示。

A	B	D
	第一周	第三周
1月	550	350
2月	780	401
3月	460	540
4月	680	408
5月	2100	740
6月	1800	600

图3-32　在Excel中访问指定列的运行结果

（二）使用loc和iloc属性访问列数据

同样，访问每月的第1周和第3周的游客人数，使用loc属性，具体代码如下。

```
df2.loc[:,['第1周','第3周']]
```

运行结果同图3-31。

使用iloc属性访问，代码可以这样写：

```
df2.iloc[:,[0,2]]
```

运行结果同图3-31。

四、访问指定行和指定列数据

上述操作访问的数据是全部的行，也就是所有的月份都显示出来。在实际运行时，经常会出现只要求显示部分月的部分列数据，那么代码编写时可将访问行和访问列的格式综合。

现在要只需要访问1月和2月的第1周和第3周的游客人数，使用loc属性，具体代码如下。

```
df2.loc['1月':'2月',['第1周','第3周']]
```

也可表示为

```
df2.loc[:'2月',['第1周','第3周']]
```

运行结果如图3-33所示。

	第1周	第3周
1月	550	350
2月	780	401

图3-33　访问部分行和部分列数据的运行结果

使用iloc属性访问，代码可以这样写：

```
df2.iloc[0:2,[0,2]]
```

因为是从第1行数据开始访问，代码也可以写为

```
df2.iloc[:2,[0,2]]
```

运行结果均与图3-33所示结果一致。

在Excel中实现访问指定行和列的数据，如访问1月和2月的第1周和第3周的游客人数，操作方法是：首先将不需要的列隐藏，将鼠标放在不需要的列的列标处，单击右键选择“隐藏”即可，再将鼠标放在不需要的行的行号处，单击右键选择“隐藏”即可完成，显示结果如图3-34所示。

A	B	D
	第一周	第三周
1月	550	350
2月	780	401

图3-34　Excel中访问部分行和部分列数据的运行结果

若访问的行和列均为连续的行和列时，如访问1月和2月的第1周和第2周游客人员，使用loc属性访问，代码可以这样写：

```
df2.loc[:'2月',:'第2周']
```

运行结果如图3-35所示。

	第1周	第2周
1月	550	650
2月	780	670

图3-35　访问连续的行和列数据的运行结果

使用iloc属性访问，具体代码如下。

```
df2.iloc[:2,:2]
```

运行结果同图3-35一致。

在Excel中实现访问连续行和列的数据，操作方法与访问指定行和指定列一样，这里就不再赘述。

五、访问指定条件数据

前面介绍的方法均是基于现有的标签名或者索引来访问。如果在实际应用中，需要按照给定的条件来访问数据，可以采用关系表达式来进行比较。

现要访问第1周游客人数小于500的数据，具体代码如下。

```
df2['第1周']<500
```

运行结果如图3-36所示。

```
1月     False
2月     False
3月      True
4月     False
5月     False
6月     False
Name: 第1周, dtype: bool
```

图3-36　指定条件访问数据运行结果

从图3-36可以看出，实际上是在对数据框（DataFrame）df2中为“第1周”的这一列的每个元素进行一个比较操作。这个操作会返回一个与“第1周”列相同长度的布尔值序列，其中每个元素都是True或False，取决于该位置上的值是否小于500。

我们想让运行结果显示的是具体的数据时，代码可以修改为

```
df2.loc[df2['第1周']<500]
```

这样执行后的运行结果如图3-37所示。

	第1周	第2周	第3周	第4周
3月	460	430	540	370

图3-37　指定条件访问数据运行结果

在Excel中实现时，就相当于按指定条件进行筛选，如要访问第1周游客人数小于500的数据，操作方法是：点击“数据”选择“筛选”，然后点开“第1周”的下拉列表，选择“数字筛选”，如图3-38所示。

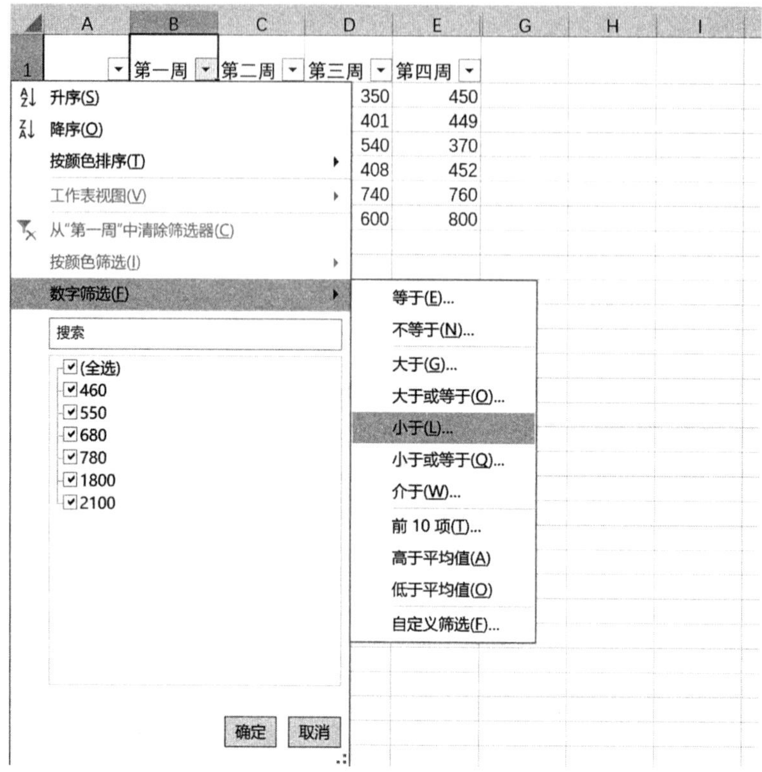

图3-38　Excel中筛选指定条件值的操作界面

在选择“小于”功能后，弹出对话框，如图3-39所示，输入设定的值500，点击“确定”按钮即可完成操作。

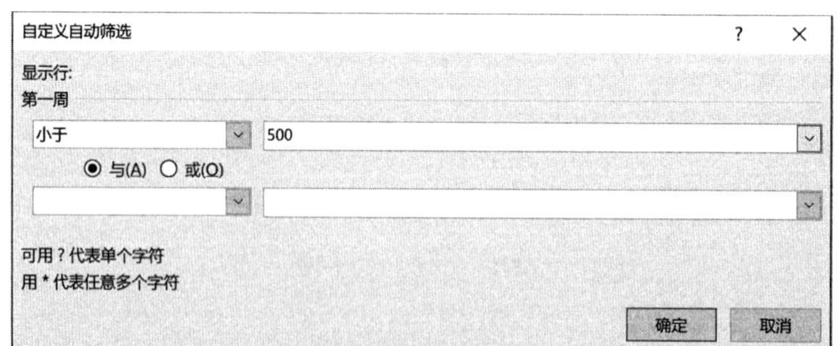

图3-39　Excel中对话框“自定义筛选”的操作界面

最后，筛选出第1周游客人数小于500的数据，显示结果如图3-40所示。

A	B	C	D	E
	第一周	第二周	第三周	第四周
3月	460	430	540	370

图3-40　Excel中指定条件的筛选结果

上述操作只指定一个具体条件，若要访问第1周游客人数大于500和第3周游客人数小于500的数据时，这里需要将两个条件用&符号连接起来。具体代码如下。

```
df2.loc[(df2['第1周']>500)&(df2['第3周']<500)]
```

运行结果如图3-41所示。

	第1周	第2周	第3周	第4周
1月	550	650	350	450
2月	780	670	401	449
4月	680	560	408	452

图3-41　访问指定2个条件的数据的运行结果

第五节　数据的基本操作

数据的基本操作，主要指对现有数据进行查看、添加、修改和删除等操作。

一、数据的查看

现以上一节某个旅游景点一年中每月的游客数量为例，1月到6月的游客人数分别为2000、2300、1800、2100、5000、4500，其中1月第1周到第4周的游客人数分别为550、650、350、450，2月第1周到第4周的游客人数分别为780、670、401、449，3月第1周到第4周的游客人数分别为460、430、540、370，4月第1周到第4周的游客人数分别为680、560、408、452，5月第1周到第4周的游客人数分别为2100、1400、740、760；6月第1周到第4周的游客人数分别为1800、1300、600、800。创建DataFrame，命名为df1。代码如下。

```
#导入pandas
import pandas as pd
#创建DataFrame
df1 = pd.DataFrame({'第1周':[550,780,460,680,2100,1800],
                    '第2周':[650,670,430,560,1400,1300],
                    '第3周':[350,401,540,408,740,600],
                    '第4周':[450,449,370,452,760,800]},
                   index = ['1月','2月','3月','4月','5月','6月'])
df1
```

运行结果如图3-42所示。

	第1周	第2周	第3周	第4周
1月	550	650	350	450
2月	780	670	401	449
3月	460	430	540	370
4月	680	560	408	452
5月	2100	1400	740	760
6月	1800	1300	600	800

图3-42　数据框df1的具体内容

（一）查看前几行

格式：df.head( )。

说明：需要查看前几行，就在参数里输入几，如查看前2行，就在括号里面输入数字2。现要查看前3行数据。代码实现如下。

```
df1.head(3)
```

运行结果如图3-43所示。

	第1周	第2周	第3周	第4周
1月	550	650	350	450
2月	780	670	401	449
3月	460	430	540	370

图3-43　查看前3行数据

若省略参数，代码这样写：

```
df1.head()
```

则运行结果如图3-44所示。

从图3-44可以得出，当省略参数时，代表查看前5行数据。当然，当在参数输入数字5时，与省略参数是同样的功能。

	第1周	第2周	第3周	第4周
1月	550	650	350	450
2月	780	670	401	449
3月	460	430	540	370
4月	680	560	408	452
5月	2100	1400	740	760

图3-44　省略参数的运行结果

（二）查看后几行

格式：df.tail( )。

说明：需要查看后几行，就在参数里输入几，如查看后3行，就在括号里面输入数字3。现要查看后2行数据，代码如下。

```
df1.tail(2)
```

运行结果如图3-45所示。

	第1周	第2周	第3周	第4周
5月	2100	1400	740	760
6月	1800	1300	600	800

图3-45　查看后2行数据

（三）查看列名

格式：df.columns。

现在查看df1的列名，代码如下。

```
df1.columns
```

运行结果如图3-46所示。

```
Index(['第1周', '第2周', '第3周', '第4周'], dtype='object')
```

图3-46　查看df1的列名

（四）查看行标签

格式：df.index。

现要查看df1的行标签，代码如下。

```
df1.index
```

运行结果如图3-47所示。

```
Index(['1月', '2月', '3月', '4月', '5月', '6月'], dtype='object')
```

图3-47　查看df1的行标签

（五）查看数据类型

格式：df.dtypes。

现要查看df1的数据类型，代码如下。

```
df1.dtypes
```

运行结果如图3-48所示。

```
第1周     int64
第2周     int64
第3周     int64
第4周     int64
dtype: object
```

图3-48　查看df1的数据类型

（六）查看统计数据

格式：df.describe()。

现要查看df1的统计数据，如每列的平均值、最小值等。代码如下。

```
df1.describe()
```

运行结果如下图3-49。

	第1周	第2周	第3周	第4周
count	6.000000	6.000000	6.000000	6.000000
mean	1061.666667	835.000000	506.500000	546.833333
std	703.147685	409.035451	148.129335	183.708918
min	460.000000	430.000000	350.000000	370.000000
25%	582.500000	582.500000	402.750000	449.250000
50%	730.000000	660.000000	474.000000	451.000000
75%	1545.000000	1142.500000	585.000000	683.000000
max	2100.000000	1400.000000	740.000000	800.000000

图3-49　查看df1的统计数据

从图3-49可以看出，使用describe查看统计数据时，可以计算每列数值的个数count、平均值mean、标准差std、最小值min、第一个四分位数25%、中位数50%、第三个四分位数75%、最大值max。如果DataFrame中包含非数值列，则这些列默认会被排除在统计摘要之外。但是，可以通过设置参数include来包含其他类型的数据，参数设置如下。

include=['object']：表示包括字符串列（object类型）。

include=['number']：表示只包括数值列（int64和float64类型）。

include=['all']：表示包括所有列。

在Excel中实现查看前几行、后几行、列名、行标签、数据类型以及统计数据时，操作方法如下。

查看前几行和后几行：使用鼠标选中行号即可。

查看列名：也就是列标题，通常第1行代表的就是列标题。

查看行标签：这里指的是行号，用数字1、2、3……表示。

查看数据类型：需要选中每列，分别查看，即选中此列，单击右键设置单元格格式。

查看统计数据：选择需要查看统计数据的列，在状态栏里可以看到选中数据的平均值、个数、总和，如图3-50所示。

A	B	C	D	E
	第一周	第二周	第三周	第四周
1月	550	650	350	450
2月	780	670	401	449
3月	460	430	540	370
4月	680	560	408	452
5月	2100	1400	740	760
6月	1800	1300	600	800

平均值: 1061.666667　计数: 6　求和: 6370

图3-50　Excel中查看选中列的统计数据

二、数据的添加

数据的添加，可以按行添加，也可以按列添加。

现仍以每月游客人数为例，数据显示如图3-51所示。

	第1周	第2周	第3周	第4周
1月	550	650	350	450
2月	780	670	401	449
3月	460	430	540	370
4月	680	560	408	452
5月	2100	1400	740	760
6月	1800	1300	600	800

图3-51　景区1月至6月游客人数

（一）以列添加数据，添加的数据为最后1列

格式：df[‘列名’]=[data1, data2, …]。

创建DataFrame，数据框命名为df2，在实现创建df2时，显示结果如图3-52所示。

	第1周	第2周	第3周
1月	550	650	350
2月	780	670	401
3月	460	430	540
4月	680	560	408
5月	2100	1400	740
6月	1800	1300	600

图3-52　df2显示的数据

对比图3-51景区1—6月游客人数和图3-52 df2显示的数据，发现在df2的数据少了1列，即第4周。现将第4周数据添加进去，代码如下。

```
df2['第4周']=[450, 449, 370, 452, 760, 800]
df2
```

执行之后，df2的数据就和原来的数据一致了。

格式df[‘列名’]=[data1, data2, …]是直接对DataFrame赋值。添加新列时，也可以采用loc属性增加1列。同样，添加第4周的数据，代码也可以表示为

```
df2.loc[:,'第4周']=[450, 449, 370, 452, 760, 800]
df2
```

（二）以列添加数据，添加的数据为指定列

格式：df.insert(位置索引，列名，数据)。

现对图3-50显示的df2的数据添加1列，新加的1列（第4周）放在第1周之后，则代码实现如下。

```
df2.insert(1,'第4周',[450,449,370,452,760,800])
df2
```

运行结果如图3-53所示。

	第1周	第4周	第2周	第3周
1月	550	450	650	350
2月	780	449	670	401
3月	460	370	430	540
4月	680	452	560	408
5月	2100	760	1400	740
6月	1800	800	1300	600

图3-53　指定位置添加1列

在Excel中实现增加1列，如果是在最后添加列，就相当于在新的列里录入数据；如果是在指定位置添加1列（在第一周和第二周之间插入1列），操作方法为，先在列标C处右击鼠标，选择“插入”，如图3-54所示，即可插入1新列，然后在新列里依次录入数据“第四周、450、449、370、452、760、800”。完成后的效果如图5-55所示。

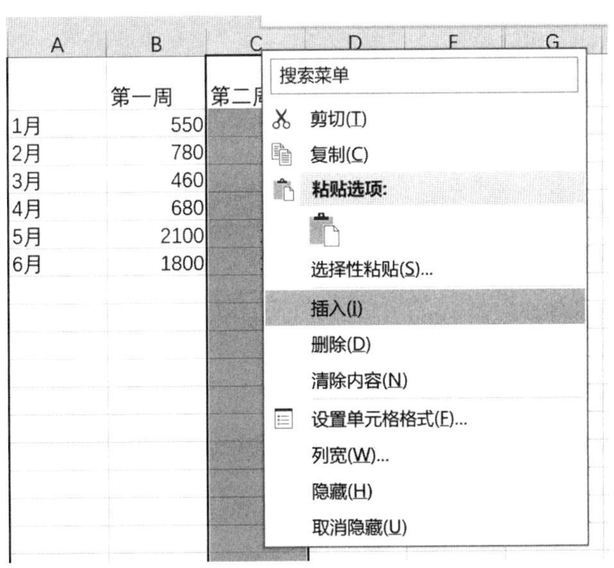

图3-54　在Excel中插入新列

A	B	C	D	E
	第一周	第四周	第二周	第三周
1月	550	450	650	350
2月	780	449	670	401
3月	460	370	430	540
4月	680	452	560	408
5月	2100	760	1400	740
6月	1800	800	1300	600

图3-55　在Excel中添加1列的效果

（三）以行添加数据，添加的数据为最后1行

格式：df.loc[行标签] = [data1,data2,⋯]。

现要在df2后添加1行数据（7月），具体每周的数据分别为1750、2300、2200、2360。代码如下。

```
df2.loc['7月'] = [1750,2300,2200,2360]
df2
```

运行结果如图3-56所示。

	第1周	第2周	第3周	第4周
1月	550	650	350	450
2月	780	670	401	449
3月	460	430	540	370
4月	680	560	408	452
5月	2100	1400	740	760
6月	1800	1300	600	800
7月	1750	2300	2200	2360

图3-56　添加1行新数据

（四）以行添加数据，一次添加多行

格式：df = pd.concat([df, df1])。

说明：参数里的df是指原来的DataFrame，是用来追加多行数据的DataFrame，df1是用来存放多行数据的DataFrame。

现要在df2中添加多行数据（8月、9月、10月），具体数据见表3-1所列。

表3-1　某景区8—10月游客人数统计表

时间	第1周	第2周	第3周	第4周
8月	2410	2300	2540	2100
9月	760	650	790	700
10月	2600	800	710	680

代码如下。

```
#创建DataFrame，命名为df3,传入8月，9月，10月的游客人数
df3= pd.DataFrame({'第1周':[2410,760,2600],'第2周':[230,650,800],
                   '第3周':[2540,790,710],'第4周':[2100,700,680]},
                  index = ['8月','9月','10月'])
df4 = pd.concat([df2, df3])
df4
```

也可以将创建好的DataFrame赋值给新DataFrame，就相当于把两个数据存放在一个新的DataFrame中。代码如下。

```
#创建DataFrame，命名为df3,传入8月，9月，10月的游客人数
df3= pd.DataFrame({'第1周':[2410,760,2600],'第2周':[230,650,800],
                   '第3周':[2540,790,710],'第4周':[2100,700,680]},
                  index = ['8月','9月','10月'])
df2 = pd.concat([df2, df3])
df2
```

运行结果均如图3-57所示。

	第1周	第2周	第3周	第4周
1月	550	650	350	450
2月	780	670	401	449
3月	460	430	540	370
4月	680	560	408	452
5月	2100	1400	740	760
6月	1800	1300	600	800
7月	1750	2300	2200	2360
8月	2410	230	2540	2100
9月	760	650	790	700
10月	2600	800	710	680

图3-57　添加多行新数据

在Excel中，添加1行或多行，相当于在新的行中录入数据。

三、数据的修改

数据的修改，主要指对某一个指定的数据进行修改，也可以是对某一行或者某一列的数据进行修改。

（一）修改1行数据

格式1：df.loc[行标签] = [data1,data2,…]。

格式2：df.iloc[行标签索引] = [data1,data2,…]。

现在将某景区游客人数中10月的每周的数据修改为2550、850、720、700，使用格式1，具体代码如下。

```
df2.loc['10月'] = [2550,850,720,700]
df2
```

使用格式2，具体代码如下。

```
df2.iloc[9] = [2550,850,720,700]
df2
```

10月数据修改后的结果如图3-58所示。

	第1周	第2周	第3周	第4周
1月	550	650	350	450
2月	780	670	401	449
3月	460	430	540	370
4月	680	560	408	452
5月	2100	1400	740	760
6月	1800	1300	600	800
7月	1750	2300	2200	2360
8月	2410	230	2540	2100
9月	760	650	790	700
10月	2550	850	720	700

图3-58　修改1行数据

仔细观察，我们发现修改1行数据的代码格式和增加1行数据的代码格式是一样的，但是在使用时要注意，修改1行的行标签已经存在于DataFrame中，若代码格式中给定的行标签不存在于DataFrame中，则实现的功能是增加1行数据。

在实际应用中，通常会遇到将现有1行数据统一增加或减少部分数据。如将10月每周的数据修改为现有数据的1.1倍，代码如下。

```
df2.loc['10月'] = df2.loc['10月']*1.1
df2
```

从执行结果可以看到，10月的数据都在原来的基础上乘1.1倍了，具体数据如图3-59所示。

	第1周	第2周	第3周	第4周
1月	550	650.0	350.0	450.0
2月	780	670.0	401.0	449.0
3月	460	430.0	540.0	370.0
4月	680	560.0	408.0	452.0
5月	2100	1400.0	740.0	760.0
6月	1800	1300.0	600.0	800.0
7月	1750	2300.0	2200.0	2360.0
8月	2410	230.0	2540.0	2100.0
9月	760	650.0	790.0	700.0
10月	2805	935.0	792.0	770.0

图3-59　10月数据乘1.1后的结果

（二）修改1列数据

格式1：df.loc[:,列标签]=[data1,data2,⋯]。

格式2：df.iloc[:,列标签索引] = [data1,data2,⋯]。

现将每个月第4周的数据修改为510、500、400、470、810、2600、2240、750、800。

使用格式1，具体代码如下。

```
df2.loc[:,'第4周']=[510,500,400,470,810,850,2600,2240,750,800]
df2
```

使用格式2，具体代码如下。

```
df2.iloc[:,3]=[510,500,400,470,810,850,2600,2240,750,800]
df2
```

修改后的结果如图3-60所示。

	第1周	第2周	第3周	第4周
1月	550	650.0	350.0	510
2月	780	670.0	401.0	500
3月	460	430.0	540.0	400
4月	680	560.0	408.0	470
5月	2100	1400.0	740.0	810
6月	1800	1300.0	600.0	850
7月	1750	2300.0	2200.0	2600
8月	2410	230.0	2540.0	2240
9月	760	650.0	790.0	750
10月	2805	935.0	792.0	800

图3-60　修改1列数据的结果

这里也需要注意，修改1列数据的代码格式里，列标签也已经存在于DataFrame中，如果输入的列标签不存在于此DataFrame中，则实现的功能就是插入1列。

与修改1行相似，修改1列也可以统一增加1个数据或者减少1个数据，或者实现乘法和除法。如将每月第4周的数据统一减少50，则代码如下。

```
df2.loc[:,'第4周']=df2.loc[:,'第4周']-50
df2
```

执行代码后，可以看出第4周的每个数据均比原数少了50。结果如图3-61所示。

	第1周	第2周	第3周	第4周
1月	550	650.0	350.0	460
2月	780	670.0	401.0	450
3月	460	430.0	540.0	350
4月	680	560.0	408.0	420
5月	2100	1400.0	740.0	760
6月	1800	1300.0	600.0	800
7月	1750	2300.0	2200.0	2550
8月	2410	230.0	2540.0	2190
9月	760	650.0	790.0	700
10月	2805	935.0	792.0	750

图3-61　第4周数据减少50的结果

（三）修改某一个指定的数据

格式1：df.loc[行标签，列标签]=data。

格式2：df.iloc[行标签索引，列标签索引]=data。

现将1月第1周的游客人数修改为600。

使用格式1，具体代码如下。

```
df2.loc['1月','第1周']=600
df2
```

使用格式2，代码如下。

```
df2.iloc[0,0]=600
df2
```

修改后的数据，如图3-62所示。

	第1周	第2周	第3周	第4周
1月	600	650.0	350.0	460
2月	780	670.0	401.0	450
3月	460	430.0	540.0	350
4月	680	560.0	408.0	420
5月	2100	1400.0	740.0	760
6月	1800	1300.0	600.0	800
7月	1750	2300.0	2200.0	2550
8月	2410	230.0	2540.0	2190
9月	760	650.0	790.0	700
10月	2805	935.0	792.0	750

图3-62　修改指定数据的结果

在Excel中修改1行数据或者1列数据，直接在相应的单元格中修改数据即可。但是如果统一加、减、乘或除一个相同的数，如统一对10月每周游客人数全部乘1.1，则操作方法是：先在任意空白单元格中输入1.1，然后按Ctrl+C组合键将1.1复制，再选中10月对应的每周数据，右击选择“选择性粘贴”，则弹出对话框，如图3-63所示，选择“乘”，就能实现10月每周游客人数全部乘1.1。

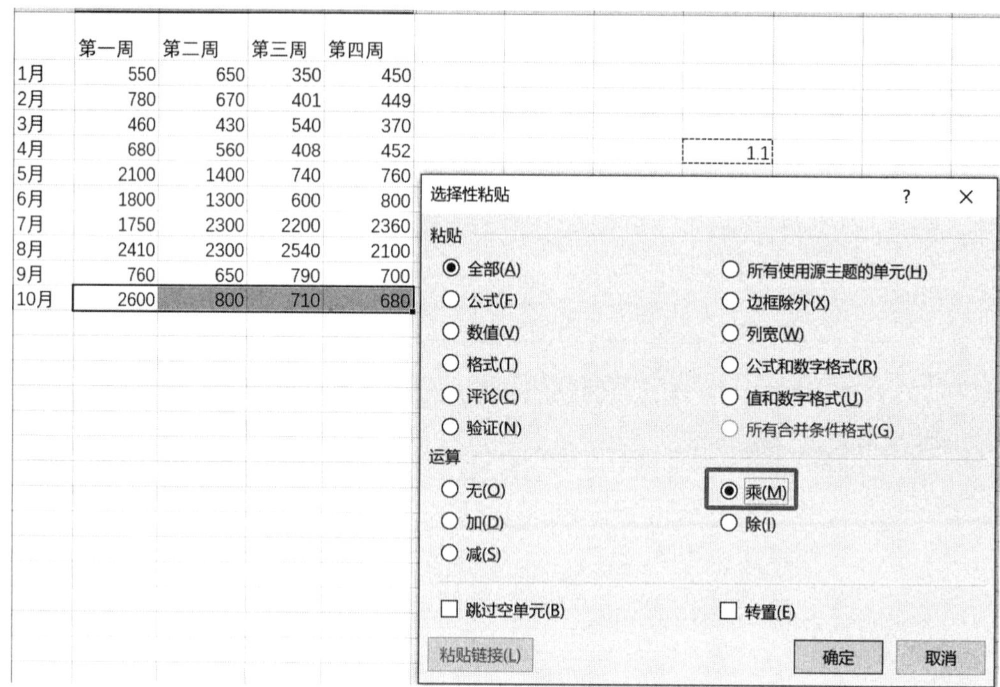

图 3-63　Excel 中指定行乘以指定数

四、数据的删除

删除数据，可以按照行删除、列删除，也可以按照指定条件删除。

格式：DataFrame.drop(labels=None, axis=0, index=None, columns=None, level=None, inplace=False, errors='raise')。

说明：

①labels：单个标签或列表式的标签，用于指定要删除的行或列的标签。这个参数是 index 和 columns 的别名。

②axis：整数或字符串。0 或'index'表示删除行，1 或'columns'表示删除列。默认为 0。

③index：单个标签或列表式的标签，用于指定要删除的行的索引。

④columns：单个标签或列表式的标签，用于指定要删除的列的名称。

⑤level：如果轴是多索引（MultiIndex），则删除指定的级别，默认为 None。

⑥inplace：布尔值，表示是否在原地修改 DataFrame。如果为 True，则不返回新对象，而是在原地修改。默认为 False。

⑦lerrors：{'ignore', 'raise'}，如果为'ignore'，则在删除不存在的标签时忽略错误；如果为'raise'，则在删除不存在的标签时抛出错误。默认为'raise'。

（一）删除行数据

现将10月的游客人数删除。代码如下。

```
df2.drop('10月',axis = 0,inplace = True)
df2
```

代码也可以这样表示：

```
df2.drop(index='10月',inplace = True)
df2
```

删除后，具体数据如图3-64所示。

	第1周	第2周	第3周	第4周
1月	600	650.0	350.0	460
2月	780	670.0	401.0	450
3月	460	430.0	540.0	350
4月	680	560.0	408.0	420
5月	2100	1400.0	740.0	760
6月	1800	1300.0	600.0	800
7月	1750	2300.0	2200.0	2550
8月	2410	230.0	2540.0	2190
9月	760	650.0	790.0	700

图3-64 删除10月后的数据结果

若删除多行数据，如将7月—9月的数据全部删除，则代码为

```
df2.drop(['7月','8月','9月'],inplace=True)
df2
```

（二）删除列数据

现将每月第4周的游客人数删除。

代码如下。

```
df2.drop('第4周',axis = 1,inplace = True)
df2
```

也可以这样表示：

```
df2.drop(labels='第4周',axis = 1,inplace = True)
df2
```

执行后，结果如图3-65所示。

	第1周	第2周	第3周
1月	600	650.0	350.0
2月	780	670.0	401.0
3月	460	430.0	540.0
4月	680	560.0	408.0
5月	2100	1400.0	740.0
6月	1800	1300.0	600.0
7月	1750	2300.0	2200.0
8月	2410	230.0	2540.0
9月	760	650.0	790.0

图3-65　删除列数据

在Excel中，删除行数据或列数据的操作是：将鼠标放在要删除的行的行号或要删除的列标处，右击鼠标选择“删除”，即可实现删除行数据或列数据。

第六节　数据排序与统计

数据排序是指按关键字进行升序或降序排列。在第五节查看统计信息时，使用describe()方法可以得到数据的基本统计信息，包括计数、均值、标准差、最小值、25%分位数、中位数、75%分位数和最大值。本节数据统计讲解常用的统计函数，如求和、求均值 、计数、最小值、最大值等。

一、数据排序

格式：df.sort_values(by=‘关键字‘，axis=0,ascending=True,inplace=True)。

说明：

①by=要排序的关键字，可以是一个关键字，也可以是多个关键字，多个关键字用列表表示。

②axis=0，代表按行排序；axis=1，代表按列排序；省略此参数，则默认为按行排序。

③ascending=True，表示升序，ascending=False，表示降序。

④inplace=True，表示原地排序。

现有某景区的1—6月游客人数，见表3-2所列。

表3-2　某景区1—6月游客人数统计表

时间	第1周	第2周	第3周	第4周
1月	550	650	350	450
2月	780	670	401	449
3月	460	430	540	370
4月	680	560	408	452
5月	2100	1400	740	760
6月	1800	1300	600	800

现要将“第4周”进行升序排序。

具体代码如下。

```
df2.sort_values(by='第4周',inplace=True)
df2
```

代码中省略了ascending，默认情况下，为升序排序。上述代码执行后，从图3-66可以看到按关键字“第4周”进行升序排序前后的区别。

	第1周	第2周	第3周	第4周
1月	550	650	350	450
2月	780	670	401	449
3月	460	430	540	370
4月	680	560	408	452
5月	2100	1400	740	760
6月	1800	1300	600	800

排序后

	第1周	第2周	第3周	第4周
3月	460	430	540	370
2月	780	670	401	449
1月	550	650	350	450
4月	680	560	408	452
5月	2100	1400	740	760
6月	1800	1300	600	800

图3-66　按1个关键字排序前后对比图

排序时，也可选择多个关键字，针对上述1—6月的游客人数，现在要按照关键字“第1周”和“第3周”进行降序排序，代码如下。

```
df2.sort_values(by=['第1周','第3周'],
                ascending=[False,False],inplace=True)
df2
```

按2个或2个以上关键字排序时，一定要注意参数ascending的值的个数要和关键字的个数相同。即使都是按照关键字进行降序或升序排序，两个对应的个数也要保持一致。

代码执行后，排序的结果如图3-67所示。

	第1周	第2周	第3周	第4周
1月	550	650	350	450
2月	780	670	401	449
3月	460	430	540	370
4月	680	560	408	452
5月	2100	1400	740	760
6月	1800	1300	600	800

排序后

	第1周	第2周	第3周	第4周
5月	2100	1400	740	760
6月	1800	1300	600	800
2月	780	670	401	449
4月	680	560	408	452
1月	550	650	350	450
3月	460	430	540	370

图3-67　按两个关键字排序前后对比图

在Excel中实现排序操作与此类似，也需要设置关键字，关键字可以是一个，也可以是多个，第一个关键字称为主关键字，后面的称为次要关键字。现将上述1—6月的游客人数按照主关键字“第一周”和次要关键字“第三周”进行降序排序，操作方法是：选中数据清单，点击“数据”选择“排序”，弹出“排序”对话框，依次设置主关键字（排序依据）为“第一周”，点击“添加条件”，则出现次要关键字，设置为“第三周”，如图3-68所示，点击“确定”按钮。

图3-68　在Excel中实现排序

二、数据统计

数据统计常用的统计函数有计数、求和、求平均值、求最大值、求最小值、求标准

差。下面将一一介绍这些函数的使用方法。

（一）求和

格式：df.sum([axis=0,skipna=1,level=0])。

说明：

①axis：确定按哪个轴进行求和，axis=0或'index'，表示按列进行求和，axis=1或'columns'表示按行进行求和。

②skipna：确定是否在求和时忽略空值（NaN）,skipna=True,表示忽略空值，skipna=False，表示包含空值求和，结果将是NaN。

③level：主要针对DataFrame的多级索引，指出从哪一级索引求和。值取整数或标签。

现要将表3-2某景区1—6月游客人数统计表后加一列“总人数”，用来计算第1周至第4周的游客人数之和。

具体代码如下。

```
#导入pandas
import pandas as pd
#创建DataFrame,以字典方式传入
df2 = pd.DataFrame({'第1周':[550,780,460,680,2100,1800],
                    '第2周':[650,670,430,560,1400,1300],
                    '第3周':[350,401,540,408,740,600],
                    '第4周':[450,449,370,452,760,800]},
                   index = ['1月','2月','3月','4月','5月','6月'])
#计算每个月的游客总人数
df2['总人数']=df2.sum(axis=1)
df2
```

因为对“第1周至第4周”的游客人数求和，是按照行进行求和，所以这个axis=1不能省略。如果省略，则总人数列值全部填充为NaN。

代码执行后，总人数求和后的数据如图3-69所示。

	第1周	第2周	第3周	第4周	总人数
1月	550	650	350	450	2000
2月	780	670	401	449	2300
3月	460	430	540	370	1800
4月	680	560	408	452	2100
5月	2100	1400	740	760	5000
6月	1800	1300	600	800	4500

图3-69　按列求和结果

	第1周	第2周	第3周	第4周	总人数
1月	550	650	350	450	2000
2月	780	670	401	449	2300
3月	460	430	540	370	1800
4月	680	560	408	452	2100
5月	2100	1400	740	760	5000
6月	1800	1300	600	800	4500
合计	6370	5010	3039	3281	17700

图3-70　按行求和结果

针对df2，现在最后添加一行“合计”，用来计算所有月份每周的游客总数，代码如下。

```
df2.loc['合计']=df2.sum()
df2
```

执行后的结果如图3-70所示。

（二）求平均值

格式：df.mean([axis=0,skipna=1,level=0])。

参数说明同求和函数。

现要将表3-2某景区1—6月游客人数统计表后加一列“平均人数/周”，用来计算第1周至第4周的游客人数的平均值，代码如下。

```
df2['平均人数/周']=df2.mean(axis=1)
df2
```

因为这里也是按行进行求平均值，所以参数axis=1是不能省略的。代码执行后，运行结果如图3-71所示。

	第1周	第2周	第3周	第4周	平均人数/周
1月	550	650	350	450	500.0
2月	780	670	401	449	575.0
3月	460	430	540	370	450.0
4月	680	560	408	452	525.0
5月	2100	1400	740	760	1250.0
6月	1800	1300	600	800	1125.0

图3-71　按行求平均值结果

针对df2，现在最后添加一行“平均值”，用来计算所有月份每周的平均游客人数。代码如下。

```
df2.loc['平均数']=df2.mean()
df2
```

运行后，数据框df2的结果如图3-72所示。

	第1周	第2周	第3周	第4周	平均人数/周
1月	550.000000	650.0	350.0	450.000000	500.0
2月	780.000000	670.0	401.0	449.000000	575.0
3月	460.000000	430.0	540.0	370.000000	450.0
4月	680.000000	560.0	408.0	452.000000	525.0
5月	2100.000000	1400.0	740.0	760.000000	1250.0
6月	1800.000000	1300.0	600.0	800.000000	1125.0
平均数	1061.666667	835.0	506.5	546.833333	737.5

图3-72　按列求平均值的结果

从图3-72可以发现，每个数据都添加了6位小数，在实际应用时，这么多位小数没有太大的意义，可以根据需要保留小数位数。如果此数据保留2位小数。那么代码应该编写为

```
df2.loc['平均数']=df2.mean().round(2)
df2
```

在上面介绍的求和及求平均值过程中，计算时都包含了所有行或者所有列。若在应用时，仅需要对指定的行或者列进行求和或者求平均值，那么则需要指定行标签或者列标签。

如针对图3-69按列求和的结果与图3-70按行求和的结果，在此数据最后加一列，用来求每月每周的平均游客人数，然后在最后添加一行，用来计算所有月份每周的平均游客人数。因为此数据最后一列是“总人数”，最后一行是“合计”，而这些数据是不能参与求平均值的。那么在编写代码时，就需要指定参与计算的列和行。

添加一列“平均人数/周”并计算出相应数据，具体代码如下。

```
df2['平均人数/周']=df2[['第1周','第2周','第3周','第4周']].mean(axis=1)
df2
```

或者这样写：

```
df2['平均人数/周']=df2['总人数']/4
df2
```

添加一行“平均值”并计算出相应数据，具体代码可以这样写：

```
df2.loc['平均人数']=(df2.loc['合计']/6)
df2
```

上述代码执行后，运行结果如图3-73所示。

	第1周	第2周	第3周	第4周	总人数	平均人数/周
1月	550.00	650.0	350.0	450.00	2000.0	500.0
2月	780.00	670.0	401.0	449.00	2300.0	575.0
3月	460.00	430.0	540.0	370.00	1800.0	450.0
4月	680.00	560.0	408.0	452.00	2100.0	525.0
5月	2100.00	1400.0	740.0	760.00	5000.0	1250.0
6月	1800.00	1300.0	600.0	800.00	4500.0	1125.0
合计	6370.00	5010.0	3039.0	3281.00	17700.0	4425.0
平均人数	1061.67	835.0	506.5	546.83	2950.0	737.5

图3-73　部分行和部分列求平均值的结果

（三）求最大值和最小值

格式：

最大值：df.max([axis=0,skipna=1,level=0])。

最小值：df.min([axis=0,skipna=1,level=0])。

参数说明与求和函数相同。

现计算1—6月每周的最多游客人数和最少游客人数，代码如下。

```
#导入pandas
import pandas as pd
#创建DataFrame,以字典方式传入
df2 = pd.DataFrame({'第1周':[550,780,460,680,2100,1800],
                    '第2周':[650,670,430,560,1400,1300],
                    '第3周':[350,401,540,408,740,600],
                    '第4周':[450,449,370,452,760,800]},
                   index = ['1月','2月','3月','4月','5月','6月'])
#求每周的最多和最少游客人数
df2.loc['最大值']=df2.max()
df2.loc['最小值']=df2.min()
df2
```

执行代码后，数据显示如图3-74所示。

	第1周	第2周	第3周	第4周
1月	550	650	350	450
2月	780	670	401	449
3月	460	430	540	370
4月	680	560	408	452
5月	2100	1400	740	760
6月	1800	1300	600	800
最大值	2100	1400	740	800
最小值	460	430	350	370

图3-74　最大值和最小值结果

（四）计数

格式：df.count([axis=0,skipna=1,level=0])。

说明：count函数用于计算DataFrame中非空值的数量。参数与求和函数参数相同。

现在要统计给定数据里的景点个数，代码如下。

```
#导入pandas
import pandas as pd
#创建DataFrame
df3 = pd.DataFrame(data = [['景点A','重庆',80],
                           ['景点B','成都',90],
                           ['景点C','北京',120],
                           ['景点D','杭州',100]],
                   columns = ['景点名称','地点','门票价格'])
#使用count函数统计个数
new1=df3.count()
print("统计个数：\n",new1)
```

运行结果如图3-75所示。

```
统计个数：
 景点名称    4
地点      4
门票价格    4
dtype: int64
```

图3-75　计数结果

```
景点个数：
 4
```

图3-76　统计某列个数

从运行结果可以看出，直接使用df3.count()，会对每一列统计个数。若只需要统计某一列的个数，可以加上相应的列标签。如只统计“景区名称”列的个数，则代码为可以编写如下。

```
#导入pandas
import pandas as pd
#创建DataFrame
df3 = pd.DataFrame(data = [['景点A','重庆',80],
                           ['景点B','成都',90],
                           ['景点C','北京',120],
                           ['景点D','杭州',100]],
                   columns = ['景点名称','地点','门票价格'])
#使用count函数统计个数
new1=df3['景点名称'].count()
print("景点个数：\n",new1)
```

运行结果如图3-76所示。

（五）求标准差

标准差是方差的平方根，是衡量一组数据离散程度的一个统计量。标准差越大，表示数据点越分散；标准差越小，表示数据点越集中。

格式：df.std([axis=0,skipna=1,level=0,ddof,numeric_only])。

说明：

①ddof：自由度的调整量，默认为1。

②numeric_only：默认为True，表示只计算数值型列的标准差。如果设置为False，则尝试对非数值型列也进行计算，但可能会返回NaN或引发错误。

其余参数说明与求和函数相同。

现在要统计某景区每月每周游客人数的标准差，具体代码如下。

```
#导入pandas
import pandas as pd
#创建DataFrame,以字典方式传入
df2 = pd.DataFrame({'第1周':[550,780,460,680,2100,1800],
                    '第2周':[650,670,430,560,1400,1300],
                    '第3周':[350,401,540,408,740,600],
                    '第4周':[450,449,370,452,760,800]},
                   index = ['1月','2月','3月','4月','5月','6月'])
#计算每周游客人数的标准差
df2.loc['标准差']=df2.std()
df2
```

运行结果如图3-77所示。

	第1周	第2周	第3周	第4周
1月	550.000000	650.000000	350.000000	450.000000
2月	780.000000	670.000000	401.000000	449.000000
3月	460.000000	430.000000	540.000000	370.000000
4月	680.000000	560.000000	408.000000	452.000000
5月	2100.000000	1400.000000	740.000000	760.000000
6月	1800.000000	1300.000000	600.000000	800.000000
标准差	703.147685	409.035451	148.129335	183.708918

图3-77　求标准差的结果

若要将数值的小数保留2位，则需要在后面加上round()函数。代码可以更改为

```
df2.loc['标准差']=df2.std().round(2)
df2
```

在Excel中实现以上统计函数（求和、求平均值、计数、求最大值和最小值、求标准差），所用函数如下。

①求和：=sum( )，参数为参与求和的单元格名称。

②求平均值：=average( )，参数为参与求平均值的单元格名称。

③统计个数：=count( )，参数为参与计算的单元格名称，count只统计数值型数据的个数；=counta( )，参数为参与计算的单元格名称，counta统计非空单元格的个数。

④求最大值：=max( ),，参数为参与求最大值的单元格名称。

⑤求最小值：=min( )，参数为参与求最小值的单元格名称。

⑥求标准差：=stdeva( )，参数为参与求标准差的单元格名称。

现仍以某景区1—6月的游客人数为例，分别计算每月每周的平均游客人数、总和、所有月每周的最大值、最小值和标准差。

- 求每月总人数：先在单元格G1中输入“总计”，接着在G2单元格中输入函数“=sum(B2:E2)”，如图3-78所示，最后按Enter键即可计算1月游客总人数，选中G2，找到填充柄，向下拖动鼠标至G7单元格结束，就可以将2月至6月的总人数都计算出来。

G2	× ✓ fx	=sum(B2:E2)				
	A	B	C	D	E	G
1		第一周	第二周	第三周	第四周	总计
2	1月	550	650	350	450	=sum(B2:E2)
3	2月	780	670	401	449	
4	3月	460	430	540	370	
5	4月	680	560	408	452	
6	5月	2100	1400	740	760	
7	6月	1800	1300	600	800	

图3-78　在Excel中求和函数的使用

● 求每月每周平均人数：先在H1单元格中输入“平均人数”，接着在H2单元格中输入函数“=average(B2:E2)”，如图3-79所示，最后按Enter键即可计算1月每周的平均游客人数，选中H2，找到填充柄，向下拖动鼠标至H7单元格结束，就可以将2月至6月每周的平均游客人数计算出来。

H2	× ✓ fx	=average(B2:E2)					
	A	B	C	D	E	G	H
1		第一周	第二周	第三周	第四周	总计	平均人数
2	1月	550	650	350	450	2000	=average(B2:E2)
3	2月	780	670	401	449	2300	
4	3月	460	430	540	370	1800	
5	4月	680	560	408	452	2100	
6	5月	2100	1400	740	760	5000	
7	6月	1800	1300	600	800	4500	

图3-79　在Excel中求平均值函数的使用

● 求所有月每周的最大值：在A8单元格中输入“最大值”，在B8单元格中输入函数“=Max(B2:B7)”，如图3-80所示，最后按Enter键即可计算所有月第一周的最多游客人数，选中B8，找到填充柄，向右拖动鼠标至E8单元格结束，就可以将第二周至第四周的最多游客人数计算出来。

MAX	× ✓ fx	=MAX(B2:B7)					
	A	B	C	D	E	G	H
1		第一周	第二周	第三周	第四周	总计	平均人数
2	1月	550	650	350	450	2000	500
3	2月	780	670	401	449	2300	575
4	3月	460	430	540	370	1800	450
5	4月	680	560	408	452	2100	525
6	5月	2100	1400	740	760	5000	1250
7	6月	1800	1300	600	800	4500	1125
8	最大值	=MAX(B2:B7)					

图3-80　在Excel中求最大值函数的使用

● 求所有月每周的最小值：在A9单元格中输入“最小值”在B9单元格中输入函数“=Min(B2:B7)”，如图3-81所示，最后盘Enter键即可计算所有月第一周的最少游客人数，选中B9，找到填充柄，向右拖动至E9单元格结束，就可以将第二周至第四周的最少游客人数计算出来。

B9　=min(B2:B7)

	A	B	C	D	E	G	H
1		第一周	第二周	第三周	第四周	总计	平均人数
2	1月	550	650	350	450	2000	500
3	2月	780	670	401	449	2300	575
4	3月	460	430	540	370	1800	450
5	4月	680	560	408	452	2100	525
6	5月	2100	1400	740	760	5000	1250
7	6月	1800	1300	600	800	4500	1125
8	最大值	2100	1400	740	800		
9	最小值	=min(B2:B7)					

图3-81　Excel中求最小值函数的使用

● 求所有月每周的标准差：在A10单元格中输入“标准差”，在B10单元格中输入函数“=stdeva(B2:B7)”，如图3-82所示，最后按Enter键即可计算所有月第一周游客人数的标准差，选中B10，找到填充柄，向右拖动至E9单元格结束。

B10　=STDEVA(B2:B7)

	A	B	C	D	E	G	H
1		第一周	第二周	第三周	第四周	总计	平均人数
2	1月	550	650	350	450	2000	500
3	2月	780	670	401	449	2300	575
4	3月	460	430	540	370	1800	450
5	4月	680	560	408	452	2100	525
6	5月	2100	1400	740	760	5000	1250
7	6月	1800	1300	600	800	4500	1125
8	最大值	2100	1400	740	800		
9	最小值	460	430	350	370		
10	标准差	=STDEVA(B2:B7)					

图3-82　在Excel中求标准差函数的使用

第七节　读取外部数据与写操作

在Python中使用Pandas库读取外部数据并进行写操作是一种常见的任务。Pandas可以读取Excel文件、文本文件、网页表格和数据库文件。此外，Pandas也可以将处理好的数据写入不同格式的数据文件中。

一、读取外部数据

（一）读取Excel文件

格式:pd.read_Excel('file_path.xlsx',sheet_name='Sheet1',header=0,index_col=None,usecols = None,skiprows=None,na_values=None,dtype=None)。

说明：上述格式里仅列出常用的参数，下面对这些参数进行简单介绍。

①file_path.xlsx：这是Excel文件的路径和文件名，路径可以是相对路径，也可以是绝对路径。

②sheet_name：指定要读取的工作表名称或工作表索引。默认为0，即第1张工作表。

③header：指定行号作为列名，默认为0。如果没有标题行，可以设置为None。

④index_col：指定列号或列名作为行索引，默认为None。

⑤usecols：指定读取哪些列，可以是列名的列表，也可以是Excel列的位置索引。

⑥skiprows：跳过文件开头指定的行数或指定的行号。

⑦na_values：将指定的值替换为NaN。

⑨dtype：指定某列的数据类型。

1. 基本读取

现有一个Excel文件scenic_spot1.xlsx，需要将其中的数据读出来。具体代码如下。

```
#导入pandas
import pandas as pd
df4 = pd.read_excel(r'D:\external_data\scenic_spot1.xlsx')
df4
```

执行后，读出的数据如图3-83所示。

	景点名称	被推荐的次数	点评数	星级
0	外滩	1165	50782	0.94
1	上海城隍庙	573	2226	0.82
2	田子坊	579	3510	0.88
3	东方明珠	584	48472	0.90
4	豫园	488	10604	0.86

图3-83　读取Excel数据

从上述代码可以看出，参数仅仅给出了文件的路径及文件名，其他参数全部省略了，读取出来的数据是Excel中第1张工作表的数据，其他工作表的数据没有读出来。其实在应用时，可以添加参数来读取指定的数据。

2. 读取指定工作表数据

对于Excel文件scenic_spot1.xlsx，实际有2张工作表有数据，上述代码读取的是第1张工作表的数据。现要读取第2张工作表（工作表名称为“原始数据”）的数据，具体代码如下。

```
#导入pandas
import pandas as pd
#读取Excel文件第2张工作表数据
df4 = pd.read_excel('D:\external_data\scenic_spot1.xlsx',
                    sheet_name='原始数据')
df4
```

上述代码中，sheet_name后跟的是工作表名称，在读取时第2张工作表时，也可以指定工作表的位置。位置编号从0开始，如读取第2张工作表，位置编号则为1。所以读取第2张工作表的代码也可以写为

```
#导入pandas
import pandas as pd
#读取Excel文件第2张工作表数据
df4 = pd.read_excel('D:\external_data\scenic_spot1.xlsx',
                    sheet_name=1)
df4
```

执行此代码后，显示结果如图3-84所示。

	景点名称	被推荐的次数	点评数	星级
0	外滩	1165	50782	0.94
1	上海海昌海洋公园	0	2315	0.84
2	上海自然博物馆	36	2278	0.94
3	上海城隍庙	573	2226	0.82
4	新天地	6	1427	0.98
5	田子坊	579	3510	0.88
6	东方明珠	584	48472	0.90
7	金山城市沙滩	4	605	0.80
8	上海科技馆	86	7054	0.90
9	朱家角古镇景区	14	2520	0.88
10	南京路步行街	0	12354	0.90

图3-84　读取指定工作表数据（部分数据）

3. 读取工作表中指定列数据

现要读取Excel文件scenic_spot1.xlsx第1张工作表中第1列和第3列的数据，代码如下。

```
#导入pandas
import pandas as pd
#读取Excel文件第1张工作表里第1列和第3列数据
data1 = pd.read_excel('D:\external_data\scenic_spot1.xlsx',
                      usecols=[0,2])
data1
```

这里代码省略了工作表名称，默认为第1张工作表，列编号从0开始，所以代码中usecols=[0,2]。

代码运行后，读取的数据如图3-85所示。

	景点名称	点评数
0	外滩	50782
1	上海城隍庙	2226
2	田子坊	3510
3	东方明珠	48472
4	豫园	10604

图3-85　读取指定列数据

	上海海昌海洋公园
0	上海自然博物馆

图3-86　读取指定单元格数据

4. 读取指定单元格数据

现要读取Excel文件scenic_spot1.xlsx第2张工作表中第3列和第1列的数据，代码如下。

```
#导入pandas
import pandas as pd
#读取Excel文件第2张工作表中第3行和第1列的数据
data1 = pd.read_excel('D:\external_data\scenic_spot1.xlsx',
                      sheet_name=1, skiprows=2, nrows=1, usecols=[0])
data1
```

上述代码中，skiprows=2，代表跳过前2行，从第3行开始读取；nrows=1，代表读取1行。

代码运行后，读取的数据如图3-86所示。

（二）读取文本文件

1. 读取csv文件

格式：pd.read_csv('filepath_or_buffer',sep=',',header=0,index_col=None,usecols=None,skiprows=None,encoding='gbk')。

说明：

①filepath_or_buffer：是必须提供的参数，表示文件路径或文件名。

②encoding='gbk'：指出用来解码文件的编码，默认编码是'utf-8'，如果获取的文件是其他编码，则需要指定。

其他参数的含义与读取Excel文件的相应参数含义一致。

现要读取csv文件scenic_spot2.csv，代码如下。

```
#导入pandas
import pandas as pd
#读取csv文件
df4 = pd.read_csv('D:\external_data\scenic_spot2.csv')
df4
```

运行结果如图3-87所示。

	景点名称	攻略提到的数量	点评数	星级
0	外滩	1165	50782	94%
1	上海城隍庙	573	2226	82%
2	田子坊	579	3510	88%
3	东方明珠	584	48472	90%
4	豫园	488	10604	86%

图3-87　读取csv文件的结果

	景点名称	点评数
0	外滩	50782
1	上海城隍庙	2226

图3-88　读取部分行和列

现只需读取csv文件scenic_spot2.csv的第1行和第2行的第1列和第3列，代码如下。

```
#导入pandas
import pandas as pd
#读取csv文件
df4 = pd.read_csv('D:\external_data\scenic_spot2.csv',
                  nrows=2,usecols=[0,2])
df4
```

上述代码中，nrows=2，表示读取2行，因为这里没有给出参数skiprows，默认从第1行开始读取；usecols=[0,2]，表示读取第1列和第3列。

读取的结果，如图3-88所示。

2.读取txt文件

读取txt文件可以使用读取csv文件的语法格式。如读取文本文件以逗号、制表符或其他分隔符分隔，均可采用读取csv文件的语法格式。现要读取文本文件customer_information.txt，具体代码如下。

```
#导入pandas
import pandas as pd
#读取txt文件
df4 = pd.read_csv(r'D:\external_data\customer_information.txt',
                  sep='\t',encoding='UTF-16')
df4
```

上述代码中，r是一个转义符，表示后面路径里的\不被转义；sep=‘\t’表示读取的文件是用制表符分隔；Encoding=’UTF-16’表示读取的文件格式是UTF-16。上述代码读取出的数据如图3-89所示。

	序号	姓名	性别	年龄	预定日期
0	1	张宇宙	男	21	2015/4/2
1	2	李慧	女	21	2014/6/11
2	3	胡泰迪	男	22	2015/9/1
3	4	孙韦迦	女	23	2014/5/23
4	5	赵子桐	男	26	2014/3/9
...	...	...	...	...	...

图3-89　读取txt文件结果（部分数据）

读取txt文件另外一种语法格式为pd.read_table('filepath_or_buffer',sep=',',header=0,index_col=None,usecols=None,skiprows=None,encoding='gbk')。

参数的含义与读取csv文件一致。

read_table()函数默认的分隔符是制表符\t，适合读取的txt文件类似于表格数据。

现仍读取文本文件customer_information.txt，具体代码如下。

```
#导入pandas
import pandas as pd
#读取txt文件
df4 = pd.read_table(r'D:\external_data\customer_information.txt',
                    encoding='UTF-16')
df4
```

运行后，读取的数据如图3-89所示。

在Excel中，获取外部文件的操作方法是，选项卡切换到数据，然后根据要获取的文件类型选择相应选项，如图3-90所示，外部文件可以是文本文件、来自网站、Excel工作簿或者数据库文件。

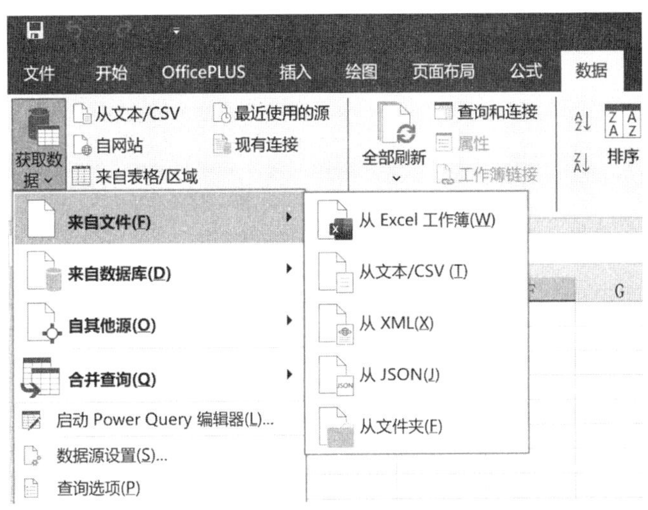

图3-90 在Excel中获取外部数据界面

二、将数据写入文件

（一）写入Excel文件

格式：df.to_Excel(Excel_writer,sheet_name=' sheet1 ',index=True)。

说明：

①Excel_writer：表示写入文件路径名称，该参数必须提供。

②sheet_name=' sheet1'：表示写入工作表sheet1，也可以指定其他名称。

③index=True：表示写入行索引。

现使用前面某景区1—6月游客人数的数据，将其保存在D盘external文件夹下的tourist.xlsx文件中，具体代码如下。

```
#导入pandas
import pandas as pd
#创建DataFrame
df2 = pd.DataFrame({'第1周':[550,780,460,680,2100,1800],
                    '第2周':[650,670,430,560,1400,1300],
                    '第3周':[350,401,540,408,740,600],
                    '第4周':[450,449,370,452,760,800]},
                   index = ['1月','2月','3月','4月','5月','6月'])
#写入D盘external_data文件夹，文件名为tourist.xlsx
df2.to_excel(r'D:\external_data\tourist.xlsx')
```

代码运行后，可以在D盘的external文件夹内看到文件tourist.xlsx以及其打开后的结果，如图3-91所示。

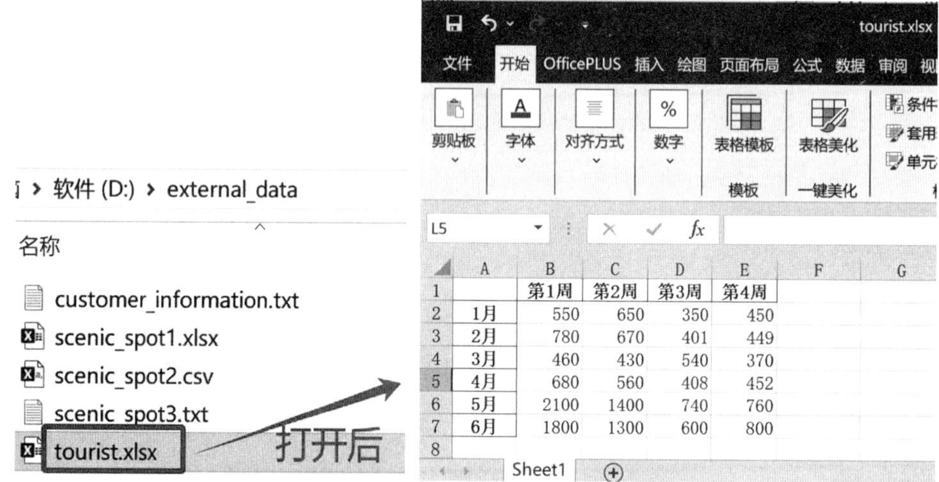

	第1周	第2周	第3周	第4周
1月	550	650	350	450
2月	780	670	401	449
3月	460	430	540	370
4月	680	560	408	452
5月	2100	1400	740	760
6月	1800	1300	600	800

图3-91　写入Excel文件的结果

上述代码参数里仅给出了文件保存的路径，没有其他参数，则数据写入Excel文件tourist.xlsx的第1张工作表sheet1中。

若在写入时，指定写入的工作表名称，如将某景区1—6月游客人数的数据保存在D盘external文件夹下tourist2.xlsx文件中的工作表"半年游客人数统计"里。

具体代码如下。

```
#导入pandas
import pandas as pd
#创建DataFrame
df2 = pd.DataFrame({'第1周':[550,780,460,680,2100,1800],
                    '第2周':[650,670,430,560,1400,1300],
                    '第3周':[350,401,540,408,740,600],
                    '第4周':[450,449,370,452,760,800]},
                   index = ['1月','2月','3月','4月','5月','6月'])
#写入D盘external_data文件夹，文件名为tourist2.xlsx，存入工作表"半年游客人数统计"
df2.to_excel(r'D:\external_data\tourist2.xlsx',sheet_name='半年游客人数统计')
```

代码运行后，可以在D盘的external文件夹内看到文件tourist2.xlsx以及其打开后的结果，如图3-92所示。

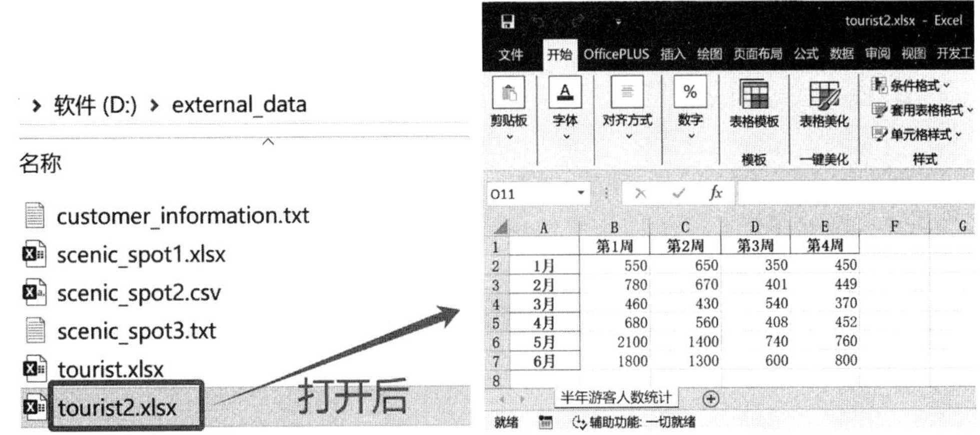

图3-92　写入Excel文件指定工作表中的结果

（二）写入csv文件

格式：pd.to_csv(path_or_buf,sep=',' index=True)

说明：

①path_or_buf：为写入文件路径名称，该参数必须提供。

②sep=',': 表示分隔符是“,”，也可以使用其他分隔符。

③index=True：表示显示索引，如为False，则不显示索引。

现仍使用前面某景区1—6月游客人数的数据，将其保存在D盘的external文件夹下的tourist3.csv文件中，具体代码如下。

```
#导入import
import pandas as pd
#创建DataFrame
df2 = pd.DataFrame({'第1周':[550,780,460,680,2100,1800],
                    '第2周':[650,670,430,560,1400,1300],
                    '第3周':[350,401,540,408,740,600],
                    '第4周':[450,449,370,452,760,800]},
                   index = ['1月','2月','3月','4月','5月','6月'])
#写入D盘external_data文件夹，文件名为tourist3.csv
df2.to_csv(r'D:\external_data\tourist3.csv')
```

上述代码中，参数仅给出了写入文件的路径和文件名，其他参数均省略了，从写入结果（图3-93）可以看出，默认情况下，分隔符为“,”。

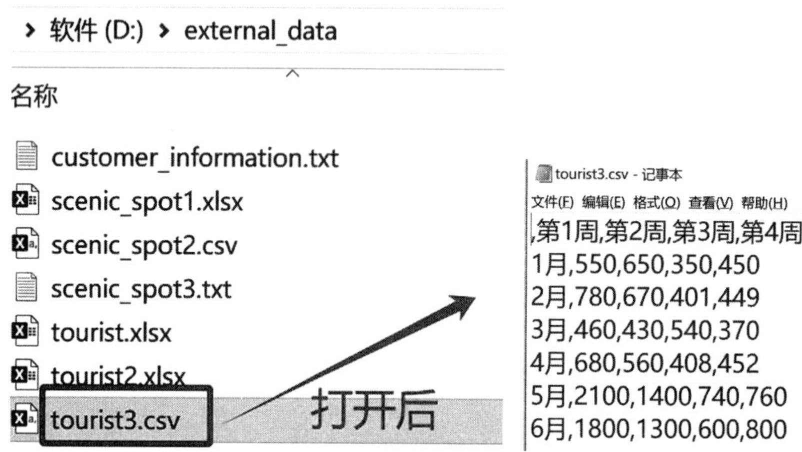

图3-93　写入csv文件的结果

在Excel中，若要将现有数据存储为其他文件格式，操作方法是，点击“文件”选择“另存为”，弹出“另存为”对话框，在“保存类型”下拉列表里选择需要保存的文件格式，点“确定”即可，如图3-94所示。

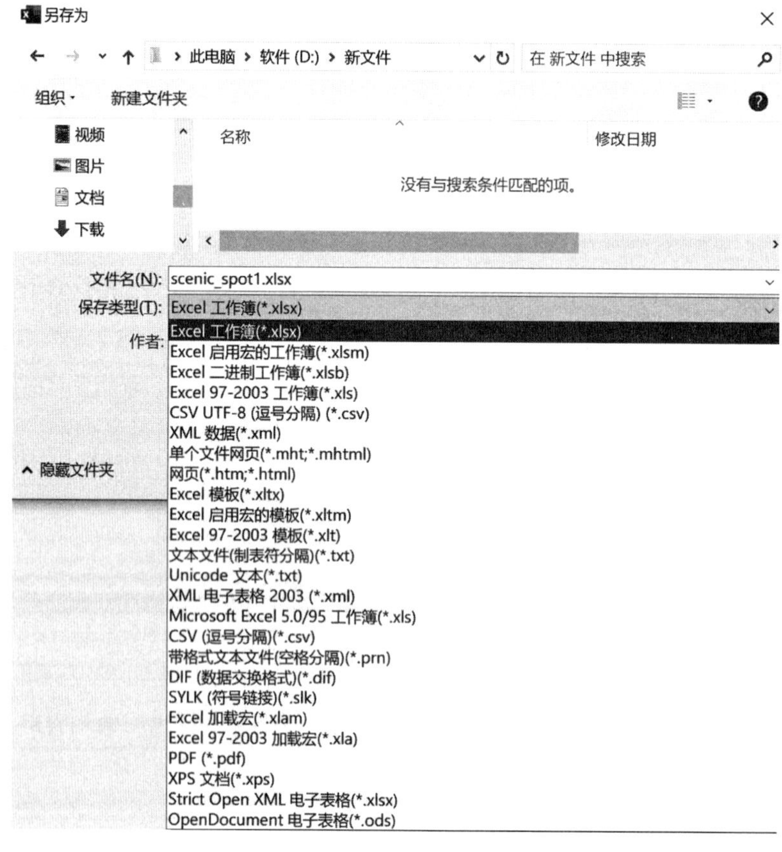

图3-94　在Excel中将文件存储为其他文件格式的操作界面

第四章　使用NumPy处理旅游数据

第一节　初识NumPy

一、什么是NumPy

NumPy（Numerical Python）是Python中一个开源的数值计算库，它提供了强大的多维数组对象和一系列在数组和矩阵上执行操作的函数。NumPy的数组对象比Python内置的列表类型更加高效和方便，尤其是在执行数学运算和大规模数据处理时。

二、NumPy在旅游大数据分析中的应用

（1）数据表示方面。NumPy可以用来创建多维数组，用于表示旅游数据，如不同旅游景点的访问人数、旅游花费、住宿费用等。

（2）数据处理方面。一是数学运算，可以使用NumPy对旅游数据进行加减乘除等运算，比如计算总访问人数、平均花费等；二是数据统计分析，使用NumPy可以计算标准差、方差等统计量，帮助分析旅游数据的变化和分布。

（3）数据转换方面。NumPy可以进行数据转换，特别是重塑和转置，可以改变数据的形状，比如将一维数据转换为二维数据，或将行数据转换为列数据。

（4）数据筛选方面。可以根据条件筛选数据，例如找出访问人数超过平均值的旅游景点。

（5）数据可视化准备方面。在进行旅游数据可视化之前，通常需要将原始数据转换为适合用图表展示的格式。NumPy的数组操作功能可以方便地进行数据转换和聚合，为后续的数据可视化工作提供基础。

（6）时间序列分析方面。旅游数据经常与时间相关，NumPy可以帮助处理时间序列数据，比如计算不同时间段内的访问人数变化。

NumPy在旅游数据分析中的应用非常广泛，它为数据的预处理、分析、转换和可

视化提供了强大的工具，使得旅游数据分析师能够更有效地处理和分析大量数据，从而做出更准确的决策和预测。

第二节　创建NumPy数组

一、使用numpy.array()函数

格式：np.array()。

这是最基本的创建NumPy数组的方式，它可以直接从Python列表（或其他序列类型）转换而来。

现有一组关于某景区6月第1周至第4周的游客人数为1100、1500、2200、2600。将其转换为NumPy数组，代码如下。

```
#导入numpy库
import numpy as np
# 某景区6月第1周至第4周的游客数量
tourist_counts = [1100, 1500, 2200, 2600]
# 转换为Numpy数组
tourist_counts_np = np.array(tourist_counts)
print(tourist_counts_np)
```

上述代码是首先将数据赋值给变量tourist_counts，然后在转换NumPy数组时，参数里直接使用变量名。当然，也可以直接将数据写在参数里，代码如下。

```
#导入numpy库
import numpy as np
# 转换为Numpy数组
tourist_counts_np = np.array([1100, 1500, 2200, 2600])
print(tourist_counts_np)
```

上述代码运行结果均如图4-1所示。

```
[1100 1500 2200 2600]
```

图4-1　数组输出结果

上述代码通过简单的方式创建了一个数组，接着对数组对象常用的属性进行了介绍，现在我们通过查看刚刚创建的数组tourist_counts_np的相应属性，来看看具体使用方法。具体代码如下。

```
#查看数组tourist_counts_np的类型
print(type(tourist_counts_np))

#查看数组tourist_counts_np的维度个数
print(tourist_counts_np.ndim)

#查看数组tourist_counts_np的维度
print(tourist_counts_np.shape)

#查看数组tourist_counts_np元素总个数
print(tourist_counts_np.size)

#查看数组tourist_counts_np元素的具体类型
print(tourist_counts_np.dtype)
```

运行后，得出的结果如图4-2所示，注意箭头及箭头指向的文字为截图后对运行结果的备注信息。

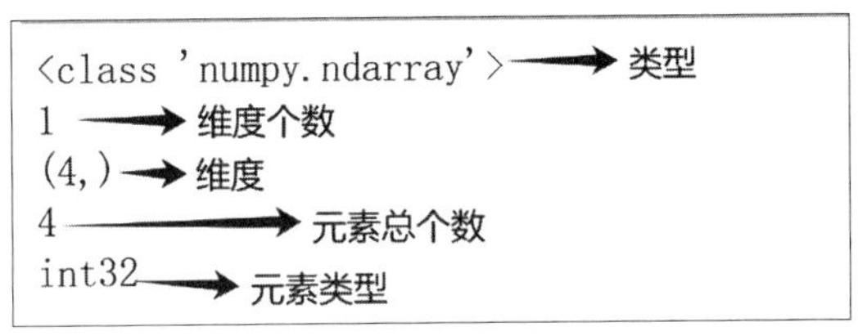

图4-2　数组属性显示结果

二、使用numpy.zeros()和numpy.ones()函数

格式：np.zeros() 和np.ones()。

此函数是创建一个指定形状和数据类型的数组，并填充元素为0和1。

现要初始化一个数组，用于记录未来一周每天预计的游客人数（初始化为0）。再创建一个数组，用来记录游客的满意度，初始化值为1，具体代码如下。

```
#导入numpy库
import numpy as np
# 创建一个长度为7（代表一周的天数）的全0数组
# 创建一个长度为4的全1数组
expected_tourists_np = np.zeros(7)
satisfaction_scores = np.ones(4)
print(expected_tourists_np)
print(satisfaction_scores)
```

代码执行后，结果如图4-3所示。

```
[0.  0.  0.  0.  0.  0.  0.]
[1.  1.  1.  1.]
```

图4-3　创建全0和全1数组显示结果

三、使用numpy.full()函数

格式：np.full()。

此函数是创建一个指定形状和数据类型的数组，并填充为指定的值。

现要创建一个数组，表示四个城市的旅游花费，初始值均为1000，代码如下。

```
#导入numpy库
import numpy as np
# 创建一个数组，表示四个城市的旅游花费，初始值都设为1000
constant_expenses = np.full(4, 1000, dtype=int)
print(constant_expenses)
```

代码里，参数4代表数组元素个数，1000代表元素的值，dtype=int表示元素类型为整型。

运行后，结果如图4-4所示。

```
[1000 1000 1000 1000]
```

图4-4 创建指定大小和值的数据结果

四、使用numpy.arange( )函数

格式：np.arange()。

此函数是创建一个数组，数组元素是按指定步长排列的序列。

现要创建一个数组，表示某旅游景点从早上8点到下午5点（含）每小时的游客编号（从0开始）。再创建一个数组，表示某旅游景点连续5天的旅游人数，从1000开始，每天增加60，具体代码如下。

```
#导入numpy库
import numpy as np
# 创建一个数组，表示从早上8点到下午5点（含）每小时的游客编号（从0开始）
hourly_tourist_ids = np.arange(10)
# 创建一个数组，表示连续5天的旅游人数，从1000开始，每天增加60
daily_visitors = np.arange(1000, 1000 + 60*5, 60)
print(hourly_tourist_ids)
print(daily_visitors)
```

代码中，主要是使用的arange()函数，该函数生成的数组包括起始值，但不包括结束值。arange(10)，参数仅给出1个结束值，表示数组起始值为0，步长为1，生成不包

括10的元素。arange(1000,1000+60*5,60)，参数给出了起始值为1000，结束值为1000+60*5，步长为60。

上述代码执行后，生成的数组结果如图4-5所示。

```
[0 1 2 3 4 5 6 7 8 9]
[1000 1060 1120 1180 1240]
```

图4-5　指定步长创建的数组结果

五、使用numpy.linspace()函数

格式：np.linspace()。

此函数创建一个数组，数组元素是等差间隔的数值。

现要创建一个数组，表示游客对5个旅游景点的评分，从1.0到5.0均匀分布，具体代码如下。

```
#导入numpy库
import numpy as np
# 创建一个数组，表示游客对5个旅游景点的评分，从1.0到5.0均匀分布
rating_scores = np.linspace(1.0, 5.0, 5)
print(rating_scores)
```

代码中使用了函数linspace()，该函数的参数格式为linspace(start, stop, num, endpoint=True, retstep=False, dtype=None, axis=0)。

其中，start表示数组元素的起始值；stop表示数组元素的结束值；num表示要生成的元素个数，默认为50。endpoint=True，或省略，均表示结束值包括在数组元素中；endpoint=False，则表示不包括。retstep=False，或者省略，均表示返回一个包含均匀间隔数字的数组；若retstep=True，则返回一个包含均匀间隔数字的数组和间距。

上述代码执行后，生成的结果如图4-6所示。

```
[1. 2. 3. 4. 5.]
```

图4-6　等差间隔的数组结果

下面再看几个使用np.linspace生成的数组实例，代码如下。

```
#导入numpy库
import numpy as np
# 生成0到10之间的5个均匀分布的数字
arr1 = np.linspace(0, 10, 5)

#生成0到10之间的5个均匀分布的数字，不包含结束值
arr2 = np.linspace(0, 10, 5, endpoint=False)

#生成0到10之间的5个均匀分布的数字，并返回间距
arr3, step = np.linspace(0, 10, 5, retstep=True)
print('arr1:',arr1)
print('arr2:',arr2)
print('arr3:',arr3)
print('step:',step)
```

代码执行后，生成的结果如图4-7所示。

```
arr1: [ 0.    2.5   5.    7.5  10. ]
arr2: [0.  2.  4.  6.  8.]
arr3: [ 0.    2.5   5.    7.5  10. ]
step: 2.5
```

图4-7　np.linspace()不同参数生成的结果

从代码中可以看出，np.linspace(0, 10, 5)参数中给出的起始值为0，结束值为10，均匀生成5个元素。np.linspace(0, 10, 5，endpoint=False)也是均匀生成5个元素，但是参数endpoint=False表示不包括结束值，所以生成的数组arr2和数组arr1元素是不一样的。最后一个np.linspace(0, 10, 5，retstep=True)函数要返回两个值，一个是数组，一个是间距值，也就是step。

六、使用copy方式创建数组

现使用上面创建的数组arr3，再创建一个和arr3一样的数组arr4，具体代码如下。

```
arr4=np.array(arr3, copy=True)
print('arr3:',arr3)
print('arr4:',arr4)
```

代码执行后，即可创建一个与arr3一样的数组，显示结果如图4-8所示。

```
arr3: [ 0.    2.5   5.    7.5  10. ]
arr4: [ 0.    2.5   5.    7.5  10. ]
```

图4-8　复制数组的结果

在Excel中，可以使用快速填充来实现输入有规律的数据。

如在连续的单元格A2：A10中输入0，操作方法为：先在A2单元格中输入0，再选中A2单元格，找到填充柄，拖动填充柄向下填充至A10单元格。这样就能在A2：A10中快速输入0。此操作方法适用于填充相同的数据。

如在连续单元格B2：B10中输入1、2、3……9，操作方法为：先在B2单元格中输入1，B3单元格中输入2，然后选中B2、B3单元格，找到填充柄，拖动填充柄向下填充至B10单元格。这样就能在B2:B10中快速输入有规律的数据1、2、3……9。此操作方法适用于填充有规律的数据。

第三节　NumPy数组运算

NumPy提供了大量的数组运算功能，包括基本运算（四则运算、比较运算）、统计运算（求和、求平均值、求标准差）、线性代数运算等。

一、基本运算

（一）四则运算

四则运算包括加法、减法、乘法和除法。这些运算是元素级别的，即数组中的每个元素都与其他数组或标量进行相应的运算。

1. 加法和减法

有两个旅游数据数组scenic1_visitors和scenic2_visitors，分别表示两个景区的日游客数量。现要求出两个景区的日游客数量总和以及两个景区的日游客数量的差值。

具体代码如下。

```
#导入numpy库
import numpy as np

# 创建两个数组，分别表示两个景区的日游客数量
scenic1_visitors = np.array([100, 150, 200, 250])
scenic2_visitors = np.array([80, 120, 160, 200])

# 两个景区日游客数量的总和，使用加法运算
total_visitors = scenic1_visitors + scenic2_visitors
print('总游客数:', total_visitors)

# 两个景区日游客数量的差值，使用减法运算
difference = scenic1_visitors - scenic2_visitors
print('游客数量差值:', difference)
```

两个数组相加或相减，实际就是两个数组相应的元素相加或相减，上述数组相加，即[100+80 150+120 200+160 250+200]，相减，即[100−80 150−120 200−160 250−200]。

代码运行后，得到的结果如图4-9所示。

```
总游客数: [180 270 360 450]
游客数量差值: [20 30 40 50]
```

图4-9 数组加减法运算的结果

现将景区1的日游客数量统一加上60，应用时只需要数组名加上60，代码如下。

```
#导入numpy库
import numpy as np
scenic1_visitors = np.array([100, 150, 200, 250])
print('前scenic1_visitors:',scenic1_visitors)

#将scenic1_visitors数组每个元素都加上60
scenic1_visitors=scenic1_visitors + 60
print('后scenic1_visitors:',scenic1_visitors)
```

数组每个元素都要加60，上述数组运算时，即[100+60 150+60 200+60 250+60]，那么代码执行后，可以看到前后的数据对比，如图4-10所示。

```
前scenic1_visitors: [100 150 200 250]
后scenic1_visitors: [160 210 260 310]
```

图4-10 数组元素统一加数的结果

2. 乘法

现有两个数组，一个表示旅游人数，另一个表示人均消费，要计算出总消费，则用旅游人数乘以人均消费，具体代码为

```
#导入numpy库
import numpy as np

#2个数组，1个表示旅游人数，1个表示人均消费
visitors = np.array([1200, 1500, 1100, 1300])
per_person_expense = np.array([100, 120, 90, 110])

# 计算总消费，使用乘法
total_expense = visitors * per_person_expense
print('总消费为:',total_expense)
```

两个数组对应位置元素相乘，即[1200*100 1500*120 1100*90 1300*110]，运行后，计算出的总消费结果如图4-11所示。

```
总消费为：[120000 180000  99000 143000]
```

图4-11　两数组相乘的结果

3. 幂运算

幂运算是指数组中对应位置元素进行幂运算。如有两个数组，数组a1[2,4]，数组a2[3,5]，这两个数组进行幂运算，即[2**3,4**5]。代码如下。

```
#导入numpy库
import numpy as np
#创建2个数组
a1=np.array([2,4])
a2=np.array([3,5])

#a1,a2进行幂运算
a3=a1**a2
print('幂运算结果为：',a3)
```

代码运行后，计算结果显示如图4-12所示。

```
幂运算结果为： [   8 1024]
```

图4-12　幂运算的结果

（二）比较运算

比较运算，有大于（>），小于(<)，等于(=)等几种关系运算。

现要找出两个景区中日游客数量多的景区，可以采用比较运算。假设景区1的游客数量多于景区2的游客数量。代码如下。

```
# 找出日游客数量多的景区，使用比较运算
more_visitors= scenic1_visitors > scenic2_visitors
print(more_visitors)
```

代码执行后，显示结果如图4-13所示。

```
[ True  True  True  True]
```

图4-13　比较运算的结果

在Excel中，实现加、减、乘、除四则运算及幂运算、比较运算时，就相当于使用公式进行计算。现使用前面两个旅游数据数组scenic1_visitors和scenic2_visitors，对其

进行加法、减法、乘法运算，操作方法为：先在A2、A3、A4、A5单元格中输入数据100、150、200、250，在B2、B3、B4、B5单元格中输入数据80、120、160、200。

加法运算：在C2单元格中输入“=A2+B2”，按Enter键即可计算这两个数据之和。然后选中C2单元格，找到填充柄，拖动填充柄向下至C5单元格，即可计算出其他三对数据之和。

减法运算：在D2单元格中输入“=A2−B2”，按Enter键即可计算这两个数据之差。然后选中D2单元格，找到填充柄，拖动填充柄向下至D5单元格，即可计算出其他三对数据之差。

比较运算：在E2单元格中输入“=A2>B2”，按Enter键即可计算出这两个数据的比较结果。然后选中E2单元格，找到填充柄，拖动填充柄向下至E5单元格，即可计算出其他三对数据比较运算结果。

加法、减法和比较运算的计算结果如图4-14所示。

	A	B	C	D	E
1	scenic1_visitors	scenic2_visitors	加法	减法	比较
2	100	80	180	20	TRUE
3	150	120	270	30	TRUE
4	200	160	360	40	TRUE
5	250	200	450	50	TRUE

图4-14　Excel中实现加法、减法和比较运算的结果

二、统计运算

NumPy的统计运算有求和、平均值、中位数、标准差、方差等，这些运算对于分析旅游数据非常有用，可以帮助旅游企业了解游客数量的总体趋势和波动情况。

（一）求和sum()

格式：np.sum()。

现使用景区1的日游客数量数组scenic1_visitors，要求计算出该景区的日游客人数总和。这里可以看出求和是针对一个数组内的数据。而前面四则运算里的加法是针对两个数组间的数据。使用sum()的具体代码如下。

```
#导入numpy库
import numpy as np

#创建数组scenic1_visitors，表示景区1的日游客数量
scenic1_visitors = np.array([100, 150, 200, 250])

#计算景区1的日游客数量之和
total_visitors = np.sum(scenic1_visitors)
print('景区1的总游客数量为：',total_visitors)
```

代码运行后，结果显示如图4-15所示。

```
景区1的总游客数量为：  700
```

图4-15　求和的结果

（二）求平均值

格式：np.mean()。

现仍使用前面景区1的日游客数量数组scenic1_visitors，要求计算出该景区的日游客人数的平均值，则使用np.mean()，具体代码如下。

```
#导入numpy库
import numpy as np

#创建数组scenic1_visitors，表示景区1的4日游客数量
scenic1_visitors = np.array([100, 150, 200, 250])

#计算景区1的4日游客数量的平均值
avg_visitors = np.mean(scenic1_visitors)
print('景区1的平均游客数量为：',avg_visitors)
```

代码运行后，计算出的平均游客人数结果如图4-16所示。

```
景区1的平均游客数量为：  175.0
```

图4-16　求平均值的结果

（三）求标准差

格式：np.std()。

现在计算景区1的日游客数量的标准差。使用np.std()，具体代码如下。

```
#导入numpy库
import numpy as np

#创建数组scenic1_visitors，表示景区1的4日游客数量
scenic1_visitors = np.array([100, 150, 200, 250])

#计算景区1的4日游客数量的标准差
std_visitors = np.std(scenic1_visitors)
print('景区1的日游客数量标准差为：',std_visitors)
```

运行结果为图4-17所示。

```
景区1的日游客数量标准差为： 55.90169943749474
```

图4-17　求标准差的结果

从图4-14可以看出，计算出的标准差数据小数位数太多。实际应用时，在计算标准差时可以对结果保留小数，如上述标准差保留3位小数，则需要在np.std()后面加上round(3)函数。代码如下。

```
std_visitors = np.std(scenic1_visitors).round(3)
std_visitors
```

此代码计算出的标准差为55.902。

NumPy的统计运算还有方差、最小值、最大值、中位数、乘积等，下面给出简单的使用格式，就不再一一举例。

计算数组的方差：numpy.var()。

计算数组的最小值：numpy.min()。

计算数组的最大值：numpy.max()。

计算数组的元素乘积：numpy.cumsum()。

三、线性代数运算

线性代数运算，这里主要介绍矩阵乘法。在NumPy中，矩阵乘法主要涉及multiply()、dot()和matmul()这几个函数，但需要注意的是，multiply()实际上是逐元素乘法，而不是传统意义上的矩阵乘法。这里就不再对multiply()做介绍。

（一）矩阵乘法——使用numpy.dot(a1, a2)

对于一维数组，这个函数是对两个数组进行点积运算；对于二维及以上数组，这个函数是对数组进行矩阵乘积运算。如果a1和a2都是一维数组，那么结果是一个标量；

如果 a1 是二维的且 a2 是一维的（或反之），那么它执行矩阵和向量的乘积；如果 a1 和 a2 都是二维的，那么它执行矩阵乘法。

现有两个矩阵，一个表示不同旅游活动的成本costs，另一个表示活动开展的频率frequencies。若要计算开展旅游活动的总成本。则需要将两个矩阵进行相乘。两个矩阵分别为

矩阵costs　　矩阵frequencies

$$\begin{bmatrix}200 & 150\\300 & 250\end{bmatrix} \quad \begin{bmatrix}3 & 2\\4 & 3\end{bmatrix}$$

计算开展旅游活动的总成本的代码如下。

```
#导入numpy库
import numpy as np

# 两个矩阵，一个表示不同旅游活动的成本，另一个表示活动开展的频率
costs = np.array([[200, 150], [300, 250]])
frequencies = np.array([[3, 2], [4, 3]])

# 计算总成本
total_costs = np.dot(costs, frequencies)
print(total_costs)
```

使用np.dot()计算两个数组二维数组的乘积时，计算结果是这样得到的：

$$\begin{bmatrix}200*3+150*4 & 200*2+150*3\\300*3+250*4 & 300*2+250*3\end{bmatrix}$$

执行代码后，运行结果如图4-18所示，也可以通过上述矩阵的计算过程进行验证。

```
[[1200  850]
 [1900 1350]]
```

图4-18　矩阵乘法结果

（二）矩阵乘法——使用numpy.matmul(a1, a2)或@运算符

numpy.matmul(a1, a2)函数或@运算符也用于计算两个数组的矩阵乘积。它与dot()类似，但它更明确地表示了矩阵乘法的意图，并且在处理高维数组时行为与numpy.dot()略有不同（尽管在二维情况下与dot()等价）。

现仍使用numpy.dot()用到的矩阵costs和矩阵frequencies，这里使用numpy.matmul(a1,a2)来计算开展旅游活动的总成本。具体代码如下。

```
#导入numpy库
import numpy as np

# 两个矩阵，一个表示不同旅游活动的成本，另一个表示活动开展的频率
costs = np.array([[200, 150], [300, 250]])
frequencies = np.array([[3, 2], [4, 3]])

# 计算总成本
total_costs = np.matmul(costs, frequencies)
print(total_costs)
```

代码执行结果与使用numpy.dot()的结果一样，如图4-18所示。

第四节　NumPy数组的访问与转换

在NumPy中，索引（Indexing）和切片（Slicing）是两种用于访问和修改数组元素的基本方法。

一、索引

索引用于访问数组中的单个元素或多个特定元素。在NumPy中，索引通常是从0开始的。

（一）访问一组数组元素

现有一个一维数组visitors，该数组表示某景区一周的游客人数。游客人数从周一到周日分别为130、150、160、180、200、300、260，那么数组中每个元素对应的索引见表4-1所列。

表4-1　数组visitors元素与索引对应表

索引	0	1	2	3	4	5	6
元素	130	150	160	180	200	300	260

现在要访问周一和周五的游客人数，具体代码如下。

```
#导入numpy
import numpy as np

# 创建一个一维数组，表示一周的游客人数
visitors = np.array([130,150,160,180,200,300,260])

# 访问周一的游客人数
print('周一游客人数：',visitors[0])

# 访问周五的游客人数
print('周五游客人数：',visitors[4])
```

代码运行后，显示结果如图4-19所示。

```
周一游客人数： 130
周五游客人数： 200
```

图4-19　访问一维数组的结果

表4-1中，索引是从0开始，从前向后依次编号，这种编号方式称为正向索引。实际上，索引的编号还有另外一种方式，即从-1开始，从后向前依次编号，这种编号方式称为反向索引，如上述数组元素的索引也可以按表4-2所列编号。

表4-2　数组visitors元素与索引对应表

索引	-7	-6	-5	-4	-3	-2	-1
元素	130	150	160	180	200	300	260

那么，同样的，访问周一和周五的游客人数，代码可写为

```
#导入numpy
import numpy as np

# 创建一个一维数组，表示一周的游客人数
visitors = np.array([130,150,160,180,200,300,260])

# 访问周一的游客人数
print('周一游客人数：',visitors[-7])

# 访问周五的游客人数
print('周五游客人数：',visitors[-3])
```

运行的结果与图4-19一致。

（二）访问多维数组

二维及以上维度数组，在访问时需要给出每个维度上的索引。

如使用第三章1—6月游客人数的数据，数据详见表4-3所列。

表4-3　某景区1—6月游客人数统计表

时间	第1周	第2周	第3周	第4周
1月	550	650	350	450
2月	780	670	401	449
3月	460	430	540	370
4月	680	560	408	452
5月	2100	1400	740	760
6月	1800	1300	600	800

上述表格转换为数组，即为6×4的二维数组。将表4-3某景区1—6月游客人数统计表转换为行和列索引对照表，见表4-4所列。如要分别访问2月第2周的游客人数数据和6月第4周的游客人数数据。在访问时，需要给出每行对应的索引和每列对应的索引。

表4-4　某景区1—6月游客人数索引对照表

时间	0	1	2	3
0	550	650	350	450
1	780	670	401	449
2	460	430	540	370
3	680	560	408	452
4	2100	1400	740	760
5	1800	1300	600	800

具体代码如下。

```
#导入numpy
import numpy as np

# 创建一个二维数组，表示1月至6月的游客人数
visitors = np.array([[550,650,350,450],[780,670,401,449],
                     [460,430,540,370],[680,560,408,452],
                     [2100,1400,740,760],[1800,1300,600,800]])
# 访问2月第2周的游客人数
print('2月第2周的游客人数:',visitors[1,1])

# 访问6月第4周的游客人数
print('6月第4周的游客人数:',visitors[5,3])
```

代码运行后，结果如图4-20所示。

```
2月第2周的游客人数: 670
6月第4周的游客人数: 800
```

图4-20　访问二维数组指定元素的结果

该实例是访问二维数组的一个元素，即给出行列索引值，若需要访问的是一个月的游客人数，那么索引值只需要给出行所在的索引。

现在访问3月和5月的游客人数，具体代码如下。

```
#导入numpy
import numpy as np

# 创建一个二维数组，表示1月至6月的游客人数
visitors = np.array([[550, 650, 350, 450], [780, 670, 401, 449],
                     [460, 430, 540, 370], [680, 560, 408, 452],
                     [2100, 1400, 740, 760], [1800, 1300, 600, 800]])
# 访问3月的游客人数
print('3月的游客人数:', visitors[2])

# 访问5月的游客人数
print('5月的游客人数:', visitors[4])
```

从上述代码可以看出，访问3月和5月的数据时只给了一个行所对应的索引，代码运行后，结果如图4-21所示。

```
3月的游客人数: [460 430 540 370]
5月的游客人数: [2100 1400  740  760]
```

图4-21　访问二维数组某行的结果

二、切片

切片其实就是将一个数组分割成多个片段，与Python列表的切片操作一样。

（一）访问一维数组

如访问一维数组visitors，该数组表示某景区一周的游客人数，现要分别访问周一至周三的游客人数和周三至周五的游客，具体代码如下。

```
#导入numpy
import numpy as np

# 创建一个一维数组，表示一周的游客人数
visitors = np.array([130, 150, 160, 180, 200, 300, 260])

# 访问周一到周三的游客人数
print('周一到周三游客人数：', visitors[0:3])

# 访问周三到周日的游客人数
print('周三至周日游客人数：', visitors[2:7])
```

代码也可以这样表示：

```
# 访问周一到周三的游客人数
print('周一到周三游客人数：', visitors[:3])

# 访问周三到周日的游客人数
print('周三至周日游客人数：', visitors[2:])
```

代码运行后，结果如图4-22所示。

```
周一到周三游客人数：  [130 150 160]
周三至周日游客人数：  [160 180 200 300 260]
```

图4-22　切片访问一维数组结果

从上述代码可以看出，NumPy使用切片访问数组元素时，获取结果从起始索引开始，到结束索引前一位，也就是说含头不含尾，用数学的区间表示为左闭右开区间。如visitors[0:3]，表示从索引0开始，至索引2结束。访问数据若从0开始，在代码中可以省略起始索引，只写结束索引，如visitors[:3]；若访问的数据是到数组的最后一位，那么在书写代码时，可以把结束索引省略，只写起始索引，如visitors[2:]。

（二）访问二维数组

现使用表4-3某景区1—6月游客人数统计表里的数据，前面使用索引时，可以访问数据指定的一个元素或者一行。那么在实际应用中，如果要访问几个元素，应该怎么表示呢？这里就需要使用切片索引的操作。

现要访问某景区1—6月游客人数里1月第1周和第2周至2月第1周和第2周的游客人数。

二维数组索引使用需要指出行索引和列索引，同样，使用切片时需要给出行索引区域和列索引区域，对照表4-4某景区1—6月游客人数索引对照表，实现上述访问要求，具体代码如下。

```
#导入numpy
import numpy as np

# 创建一个二维数组，表示1月至6月的游客人数
visitors = np.array([[550,650,350,450],[780,670,401,449],
                    [460,430,540,370],[680,560,408,452],
                    [2100,1400,740,760],[1800,1300,600,800]])
# 访问1月第1周和第2周至2月第1周和第2周的游客人数
print(visitors[0:2,0:2])
```

代码也可以表示为

```
# 访问1月第1周和第2周至2月第1周和第2周的游客人数
print(visitors[:2, :2])
```

这两种不同的书写格式，执行的结果均如图4-23所示。

```
[[550 650]
 [780 670]]
```

图4-23　切片访问二维数组的结果

下面给出使用切片访问表4-3某景区1—6月游客人数统计表里不同数据的代码，可以帮助我们更加熟悉切片索引的操作。

```
# 访问2月第3周和第4周至4月第3周和第4周的游客人数
print('2月第3周和第4周至4月第3周和第4周的游客人数:\n',
      visitors[1:4,2:])

# 访问3月第2周和第3周至5月第2周和第3周的游客人数
print('3月第2周和第3周至5月第2周和第3周的游客人数:\n',
      visitors[2:5,1:3])

# 访问1月第1周到第3周至3月第1周到第3周的游客人数
print('1月第1周到第3周至3月第1周到第3周的游客人数:\n',
      visitors[0:3,0:3])
```

代码中，有的省略了结束索引，有的没有省略，在实际应用中可以根据自己的习惯选择书写方式。

代码运行后，执行结果如图4-24所示。

```
2月第3周和第4周至4月第3周和第4周的游客人数:
 [[401 449]
 [540 370]
 [408 452]]
3月第2周和第3周至5月第2周和第3周的游客人数:
 [[ 430  540]
 [ 560  408]
 [1400  740]]
1月第1周到第3周至3月第1周到第3周的游客人数:
 [[550 650 350]
 [780 670 401]
 [460 430 540]]
```

图4-24 切片访问二维数组更多元素的结果

三、数组重塑

在NumPy中，数组重塑指在不改变数据的情况下改变数组的形状，通过reshape函数实现。

（一）基本重塑

```
import numpy as np

# 创建一个一维数组arr1
arr1 = np.arange(6)

# 将其重塑为 2x3 的二维数组arr2
arr2 = arr1.reshape((2, 3))

print('一维数组arr1:\n',arr1)
print('二维数组arr2:\n',arr2)
```

上述代码，首先创建一个一维数组arr1，元素为0、1、2、3、4、5，接着将其转换为2行3列的二维数组。数组元素个数是不发生变化的。具体结果见图4-25所示。

```
一维数组arr1:
 [0 1 2 3 4 5]
二维数组arr2:
 [[0 1 2]
 [3 4 5]]
```

图4-25 数组重塑结果

（二）-1作为维度

在NumPy的reshape()函数中，如果新形状中的某个维度被指定为-1，那么NumPy

会自动计算该维度的大小，以确保重塑后的数组包含与原始数组相同数量的元素。这通常用于当我们不知道重塑后数组的确切行数或列数，但知道另一个维度的大小，并且希望NumPy为我们自动计算另一个维度的大小时，代码如下。

```
# 将数组重塑为2列，行数由 NumPy 自动计算
arr3 = arr1.reshape(-1, 2)
print(arr3)
```

这里，-1被用作新形状的第一个维度（即行数），而2是第二个维度（即列数）。NumPy会计算第一个维度（行数）应该是多少，以便arr3包含与arr1相同数量的元素。由于arr1里共有6个元素，所以这里会计算出arr3共有3行，每行有2个元素。运行结果如图4-26所示。

```
[[0 1]
 [2 3]
 [4 5]]
```

图4-26　-1作为维度计算出的形状

（三）多维数组重塑

多维数组也可以被重塑，如将三维数组arr4重塑为二维数组arr5。

```
# 创建一个三维数组arr4
arr4 = np.arange(24).reshape((2, 3, 4))

# 将其重塑为 3x8 的二维数组arr5
arr5 = arr4.reshape((3, 8))
print('三维数组arr4\n',arr4)
print('重塑后数组arr5\n',arr5)
```

这里，首先创建一个含有24个元素（0～23）的三维数组arr4，然后将其重塑为二维数组arr5，代码运行后，即可看到改变形状后的数组，如图4-27所示。

```
三维数组arr4
 [[[ 0  1  2  3]
  [ 4  5  6  7]
  [ 8  9 10 11]]

 [[12 13 14 15]
  [16 17 18 19]
  [20 21 22 23]]]
重塑后数组arr5
 [[ 0  1  2  3  4  5  6  7]
 [ 8  9 10 11 12 13 14 15]
 [16 17 18 19 20 21 22 23]]
```

图4-27　多维数组重塑

数组重塑操作不会改变数组数据的总数，只是改变了其组织方式。reshape 返回的是原数组的一个视图，这意味着它不会消耗额外的内存来存储数据的副本。使用 reshape 方法时，要确保新形状与原数组的总元素数相匹配，否则 NumPy 将无法执行重塑操作。

下面看一组旅游数据。现有四个景点的游客人数统计表，每个景点只统计了7月和8月的游客人数。首先创建一个一维数组存储数据，然后将其重塑为4行2列的二维数组，这样能更清楚地看出每个景点7月和8月的游客人数。

具体代码如下。

```
import numpy as np

# 创建一维数组，存放四个旅游景点在7月和8月的游客人数
visit_counts = np.array([1200, 1500, 1100, 1300, 1300, 1600, 1200, 1400])

# 将一维数组转换为二维数组，每行代表一个景点，每列代表一个月
visit_counts_reshaped = visit_counts.reshape(4, 2)
print('一维数组：\n',visit_counts)
print('二维数组：\n',visit_counts_reshaped)
```

代码运行后，结果如图4-28所示。

```
一维数组：
 [1200 1500 1100 1300 1300 1600 1200 1400]
二维数组：
 [[1200 1500]
 [1100 1300]
 [1300 1600]
 [1200 1400]]
```

图4-28　一维数组变二维数组的结果

四、数组转换

数组转换是矩阵操作中的一个基本概念，它指的是将矩阵的行变成列、列变成行。现有3个景点3个月份（3月、4月、5月）的游客人数，详见表4-5。

表4-5　3个景点3个月份游客人数统计表

景点	3月	4月	5月
景点A	1000	1500	2000
景点B	1200	1800	2200
景点C	900	1300	1700

现创建一个3×3的二维数组，然后将其转置，观察两个数组的变化。

具体代码如下。

```
import numpy as np

#三个景点（A, B, C）和三个月份（3月、4月、5月）的旅游人数数据
tourism_data = np.array([[1000, 1500, 2000],  # 景点A的旅游人数
                         [1200, 1800, 2200],  # 景点B的旅游人数
                         [900, 1300, 1700]])  # 景点C的旅游人数

# 矩阵的行表示城市，列表示年份
print('原始数据矩阵:\n', tourism_data)

# 使用NumPy的.T属性来转置矩阵
transposed_data = tourism_data.T

print('转置后的数据矩阵:\n', transposed_data)
```

数组转置代码也可以这样表示：

```
# 矩阵的行表示城市，列表示年份
print('原始数据矩阵:\n', tourism_data)

# 使用NumPy的transpose()方法来转置矩阵
transposed_data = tourism_data.transpose()

print('转置后的数据矩阵:\n', transposed_data)
```

运行代码后，结果如图4-29所示。可以看出，原来的行数据变成了现在的列数据；相反，原来的列数据变成了现在的行数据。

```
原始数据矩阵:
 [[1000 1500 2000]
 [1200 1800 2200]
 [ 900 1300 1700]]
转置后的数据矩阵:
 [[1000 1200  900]
 [1500 1800 1300]
 [2000 2200 1700]]
```

图4-29　数组转置结果

数组转置可以使用NumPy的transpose()方法，也可以使用NumPy的.T属性，不论使用哪种方法，实现的功能都是一样的。

在Excel中，同样也能实现数据转置，并且方法也特别简单。如首先在单元格区域A1：C3中输入上述3个景点3个月份（3月、4月、5月）的游客人数。然后将其转置后放在A8：C10单元格中。

操作方法：选中单元格A1：C3，右击鼠标，选择“复制”，然后将鼠标放在A8单元格，右击鼠标，在弹出的快捷菜单中选择“转置”功能，就可以将行列数据转换，如图4-30所示。

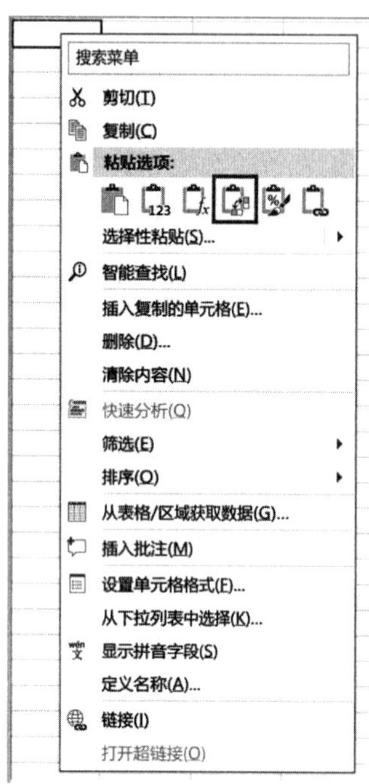

	A	B	C
1	1000	1500	2000
2	1200	1800	2200
3	900	1300	1700
4			
5			
6		转置后	
7			
8	1000	1200	900
9	1500	1800	1300
10	2000	2200	1700

图4-30 在Excel中实现数据转置

五、转变数据类型

格式：np.astype()。

说明：参数里放置需要转换的数据类型。如转为整型，参数用int；转为浮点型，参数用float。

现有某人去4个不同城市旅游的花费，消费金额分别为1200.0、1500.0、1100.0、1300.0，单位为元。现要将这些金额转为整数，具体代码如下。

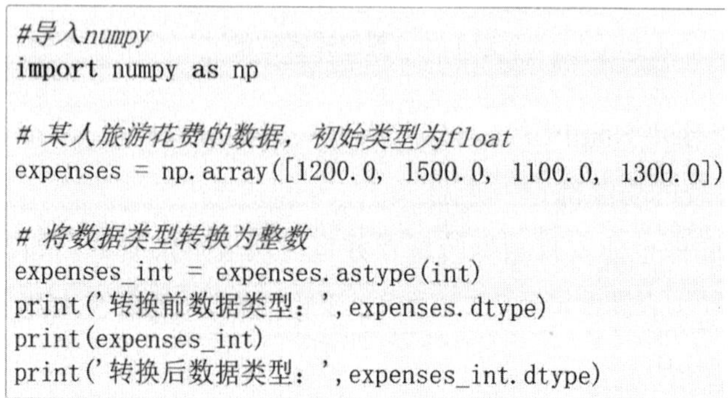

```
#导入numpy
import numpy as np

# 某人旅游花费的数据，初始类型为float
expenses = np.array([1200.0, 1500.0, 1100.0, 1300.0])

# 将数据类型转换为整数
expenses_int = expenses.astype(int)
print('转换前数据类型：', expenses.dtype)
print(expenses_int)
print('转换后数据类型：', expenses_int.dtype)
```

代码执行后，结果如图4-31所示。

```
转换前数据类型：  float64
[1200 1500 1100 1300]
转换后数据类型：  int32
```

图4-31　数据类型转换结果

同样，int类型也可以转换成float类型，如将上述expenses数组在创建时初始化为int类型，然后将其转换为float类型。具体代码如下。

```
#导入numpy
import numpy as np
# 某人旅游花费的数据，初始类型为int
expenses = np.array([1200, 1500, 1100, 1300])

# 将数据类型转换为浮点数
expenses_int = expenses.astype(float)

print('转换前数据类型：',expenses.dtype)
print(expenses_int)
print('转换后数据类型：',expenses_int.dtype)
```

上述代码运行后，结果如图4-32所示。

```
转换前数据类型：  int32
[1200.  1500.  1100.  1300.]
转换后数据类型：  float64
```

图4-32　整数转浮点数结果

其实，NumPy数据类型的整数，又分为int8（8位有符号整数）、int16（16位有符号整数）、int32（32位有符号整数）和int64（64位有符号整数），浮点数也分为float16［半精度浮点数（16位）］、float32［单精度浮点数（32位）］和float64［双精度浮点数（64位），NumPy中默认浮点数类型］。在应用时，直接使用int或者float不需要提前定义，但是使用指定位数的int或者float就需要提前定义，代码如下。

```
import numpy as np

# 创建一个浮点数数组
arr = np.array([1.1, 2.2, 3.3, 4.4, 5.5], dtype=np.float32)

# 将数组转换为 float64 类型，保留小数点
arr_float64 = arr.astype(np.float64)

print('float32类型：\n',arr)
print('float64类型：\n',arr_float64)
```

代码中，创建浮点数数组arr时，参数里加上了dtype=np.float32用来定义数据类型。代码运行后，结果如图4-33所示。

```
float32类型：
 [1.1 2.2 3.3 4.4 5.5]
float64类型：
 [1.10000002 2.20000005 3.29999995 4.4000001  5.5       ]
```

图4-33　float32类型转float64类型的结果

若在创建arr时，不定义数据类型，则代码写为

```
import numpy as np

# 创建一个浮点数数组
arr = np.array([1.1, 2.2, 3.3, 4.4, 5.5])

# 将数组转换为 float64 类型
arr_float64 = arr.astype(np.float64)

print('原数组arr数据类型：',arr.dtype)
print(arr)
print('转换后arr_float64类型：',arr_float64.dtype)
print(arr_float64)
```

代码运行后，执行结果如图4-34所示。

```
原数组arr数据类型： float64
[1.1 2.2 3.3 4.4 5.5]
转换后arr_float64类型： float64
[1.1 2.2 3.3 4.4 5.5]
```

图4-34　转为指定浮点数类型的结果

从运行结果可以看出，在创建数组时没有定义数据类型，NumPy则根据数据来判断数据类型为float64，此类型也是NumPy默认的浮点数类型，接着将其转换为float64类型，在此处属于多余，原本此数组类型就是float64类型。

Excel中也可以实现数据类型的转换，如在单元格A1至A4中输入数据1200.0、1500.0、1100.0、1300.0，现要将其转为整数，操作方法为：选中A1至A4单元格，右击鼠标，选择“设置单元格格式”，弹出对话框“设置单元格格式”，在数字标签下，分类中选择“常规”或者选择“数值”，然后设置小数位数为0。如图4-35所示。

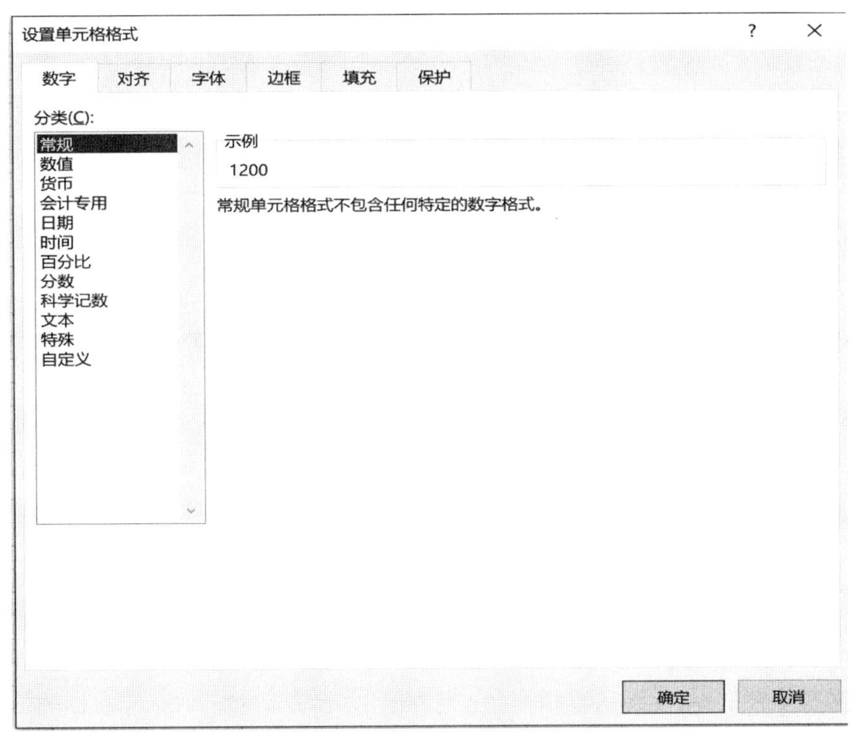

图4-35　Excel中实现数据类型转换

第五节　NumPy数组的基本操作

在NumPy中，数组的基本操作主要有插入、删除和修改数据等操作。

一、插入数据

格式：np.insert(arr, obj, values, axis=None)。

说明：

①arr：要插入数据的数组名。

②obj：在其之前插入值的索引，这个参数可以是一个整数，表示插入位置的索引。也可以是一个整数数组，表示在多个位置插入。

③values：要插入的值。这些值的形状必须与原始数组在插入轴上的形状相匹配。

④axis：沿着它插入值的轴。如果未提供，则输入数组会被展平。

现有数组里的数据为1、2、3、4、5，根据应用需要在3前插入数据6，再在原数据最后插入数据7，代码如下。

```
import numpy as np

# 创建一个一维数组
new_arr1 = np.array([1, 2, 3, 4, 5])

# 在索引2之前插入值6
new_arr2 = np.insert(new_arr1, 2, 6)
print('插入值6的结果：',new_arr2)

# 在最后插入值7
new_arr3 = np.insert(new_arr1,5,7)
print('插入值7的结果：',new_arr3)
```

代码执行结果如图4-36所示。

```
插入值6的结果： [1 2 6 3 4 5]
插入值7的结果： [1 2 3 4 5 7]
```

图4-36 插入新数据的结果

上述代码实现了插入新数据的功能，特别是在最后插入值7的那行代码中，索引为5，原数据里最大索引为4，这里指在5前插入值7，所以新数据放在原数据的最后一位。

若将数据7插入在新数组new_arr2的尾部，代码需要修改如下。

```
import numpy as np

# 创建一个一维数组
new_arr1 = np.array([1, 2, 3, 4, 5])

# 在索引2之前插入值6
new_arr2 = np.insert(new_arr1, 2, 6)
print('插入值6的结果：',new_arr2)

# 在最后插入值7
new_arr3 = np.insert(new_arr2,6,7)
print('插入值7的结果：',new_arr3)
```

代码运行后，可以看到数组的结果如图4-37所示。

```
插入值6的结果： [1 2 6 3 4 5]
插入值7的结果： [1 2 6 3 4 5 7]
```

图4-37 插入2个数据的结果

从结果可以看出，数组new_arr3里的数据，其实就是在原数据里插入2个数据，分别在值3前插入6，在最后插入值7。实现这个功能，也可以在一个插入语句中进行，代码如下。

```
import numpy as np

# 创建一个一维数组
new_arr1 = np.array([1, 2, 3, 4, 5])

# 在索引数组[2, 5]之前插入值[6, 7]
#即在索引2之前插入6，在索引5之前插入7
new_arr2 = np.insert(new_arr1, [2, 5], [6, 7])

print('原始数据：',new_arr1)
print('插入值6和7后的数据：',new_arr2)
```

代码中，[2，5]表示的是插入数据的索引，这里需要注意，2和5指的是原始数据里的索引，[6，7]表示需要插入的数据。代码运行后，执行结果如图4-38所示。

```
原始数据： [1 2 3 4 5]
插入值6和7后的数据： [1 2 6 3 4 5 7]
```

图4-38　插入数据新旧数组的对比结果

现使用第三章中景区地点及门票价格的相关数据来实现插入新数据，原始数据见表4-6景点门票价格表。要求依此数据创建一个数组。

创建数组scenic_arr的代码如下。

表4-6　景点门票价格表

景点名称	景点地点	门票价格/元
景点A	重庆	80
景点B	成都	90
景点C	北京	120
景点D	杭州	100
景点E	上海	150

```
import numpy as np

# 景点地点及门票价格
scenic_arr = np.array([['景点B','成都', 90], ['景点C','北京', 120],
                       ['景点D','杭州', 100], ['景点E','上海', 150]])
print(scenic_arr)
```

数组创建后的执行结果如图4-39所示。

```
[['景点B' '成都' '90']
 ['景点C' '北京' '120']
 ['景点D' '杭州' '100']
 ['景点E' '上海' '150']]
```

图4-39 创建数组的结果

根据表4-6的内容，对比创建的scenic_arr数组结果，发现数组scenic_arr里数据少了一行。那么插入数据的代码为

```
# 要插入的数据
new_scenic = ['景点A','重庆',80]

# 使用np.insert()在索引0的位置插入新数据
# axis=0 表示沿着第一个轴（行方向）插入
scenic_arr = np.insert(scenic_arr, 0, values=new_scenic, axis=0)

print(scenic_arr)
```

代码中，将新数据以列表的方式赋值给new_scenic，然后在np.insert()的参数中让new_scenic的数据赋值给values，并且是按行的方向插入新数据。

由此，执行的结果如图4-40所示。

```
[['景点A' '重庆' '80']
 ['景点B' '成都' '90']
 ['景点C' '北京' '120']
 ['景点D' '杭州' '100']
 ['景点E' '上海' '150']]
```

图4-40 插入数据的结果

现在需要在原数据后增加一行，值为['景点F'，'广州'，130]，则可以使用另外一个函数np.vstack()，此函数的功能是在原数据后面以重直方向添加数据。那么代码应该写为

```
#创建一数组，存放值'景点F'，'广州'，130
new_scenic = np.array([['景点F', '广州', 130]])

#将'景点F'，'广州'，130插入到原数据最后
#np.vstack（）表示垂直方向增加数据
scenic_arr = np.vstack((scenic_arr, new_scenic))
print(scenic_arr)
```

np.vstack()的参数中，scenic_arr为原数组，new_scenic为追加的数据创建的数组。代码执行后，运行的结果如图4-41所示。

```
[['景点A' '重庆' '80']
 ['景点B' '成都' '90']
 ['景点C' '北京' '120']
 ['景点D' '杭州' '100']
 ['景点E' '上海' '150']
 ['景点F' '广州' '130']]
```

图4-41　追加一行的结果

np.vstack()是以垂直方向增加数据，与此相对的，还有另外一个函数np.hstack()表示在原数据后以水平方向增加数据。使用方法和np.vstack()函数一样，这里就不再举列说明。

在Excel中，添加新数据就相当于插入一行或者多行，也可能是插入一列或者多列。此内容在第三章第五节“数据的基本操作”里介绍过，具体操作方法可以去那里去查看。

二、删除数据

格式：np.delete(arr, obj, axis=None)。

参数说明：

①arr：指要删除的数组名，这是要从其中删除元素的原始数组。

②obj：要删除的元素的索引。

③axis：沿着它删除元素的轴。

现有数组里的数据为1、2、6、3、4、5、7，根据应用需要把数据6和数据7删除。具体代码如下。

```
import numpy as np

# 创建一个一维数组
new_arr1 = np.array([1,2,6,3,4,5,7])

# 删除索引2的元素
new_arr2 = np.delete(new_arr1, 2)
print('删除6后的数据：',new_arr2)

# 删除索引5的元素
new_arr3 = np.delete(new_arr2, 5)
print('删除7后的数据：',new_arr3)
```

代码执行后，结果如图4-42所示。

```
删除6后的数据： [1 2 3 4 5 7]
删除7后的数据： [1 2 3 4 5]
```

图4-42 删除指定数据后的结果

代码中，首先删除值6，然后又删除值7，一共执行2次删除操作。与插入数据类似，在原始数组里删除2个数据，也可以使用一行删除语句实现，代码应该这样写：

```
import numpy as np

# 创建一个一维数组
new_arr1 = np.array([1,2,6,3,4,5,7])

# 删除索引2和6的元素
new_arr2 = np.delete(new_arr1, [2,6])
print('原始数据：',new_arr1)
print('删除后的数据：',new_arr2)
```

上述代码中，把需要删除的索引放在列表中给出，需要注意的是，索引一定是原始数组中的索引，代码运行后，显示结果如图4-43所示。

```
原始数据： [1 2 6 3 4 5 7]
删除后的数据： [1 2 3 4 5]
```

图4-43 删除数据后新旧数据对比

现在删除前面scenic_arr数组里插入的数据['景点F','广州',130]，具体代码为：

```
# 删除'景点F'
scenic_arr = np.delete(scenic_arr, 5, axis=0)
print(scenic_arr)
```

因为['景点F', '广州', 130]所处的索引是5，所以代码中的np.delete()参数中，要删除元素的索引写的是5，axis = 0，是沿行删除。代码执行后，结果如图4-43所示。

如果特指删除"景点F"，代码可以修改为

```
# 删除'景点F'
index_to_delete = np.where(scenic_arr[:, 0] == '景点F')[0][0]
scenic_arr = np.delete(scenic_arr, index_to_delete, axis=0)
print(scenic_arr)
```

代码中，np.where(scenic_arr[:, 0] == '景点F')[0][0] 的含义如下。

scenic_arr[:, 0]：这部分表示scenic_arr数组的第一列。

scenic_arr[:, 0] == ‘景点F’：这是一个条件表达式，用来检查scenic_arr数组的第一列中哪些元素等于‘景点F’。这个表达式会返回一个布尔数组，其中值为True的位置表示对应的景点名称是‘景点F’；

np.where(scenic_arr[:, 0] == ‘景点F’)：np.where()函数接受这个布尔数组作为输入，并返回满足条件（即值为True）的元素的索引。在这个代码中，它会返回一个包含元组的数组，每个元组包含一个索引，指向scenic_arr中景点名称为‘景点F’的行。

[0][0]：由于np.where()返回的是一个包含元组的数组，我们需要通过索引来访问实际的索引值。[0]表示我们选择第一个元组（也是唯一一个，如果我们只期待一个匹配的话），第二个[0]表示我们从这个元组中选择第一个元素，即我们要找的索引。

代码执行后，scenic_arr数组里就会删除“景点F”所在行数据，具体结果如图4-44所示。

```
[['景点A' '重庆' '80']
 ['景点B' '成都' '90']
 ['景点C' '北京' '120']
 ['景点D' '杭州' '100']
 ['景点E' '上海' '150']]
```

图4-44　删除景点F行后的结果

三、修改数据

NumPy中修改数据，是直接指定索引进行修改。

现有数组new_arr1，元素有1、2、3、7、5、6。仔细观察，发现原始数据应该为1、2、3、4、5、6。此处需要修改数组new_arr1里的元素。具体代码如下。

```
import numpy as np

# 创建一个一维数组
new_arr1 = np.array([1,2,3,7,5,6])
print('修改前数据：',new_arr1)

#修改索引3的值为4
new_arr1[3] = 4
print('修改后数据：',new_arr1)
```

代码执行后，结果如图4-45所示。

```
修改前数据：  [1 2 3 7 5 6]
修改后数据：  [1 2 3 4 5 6]
```

图4-45　修改数据前后对比结果

现需要将scenic_arr数组中景区D的门票价格修改为130元，景区C的地点修改为广州。景区D的门票价格100对应的索引为[3][2]，景区C的地点北京对应的索引为[2][1]。

具体代码为

```
#修改数据
scenic_arr[3][2] = 130
scenic_arr[2][1] = '广州'
print(scenic_arr)
```

代码执行后，结果如图4-46所示。

```
[['景点A' '重庆' '80']
 ['景点B' '成都' '90']
 ['景点C' '广州' '120']
 ['景点D' '杭州' '130']
 ['景点E' '上海' '150']]
```

图4-46　修改后数据

四、综合实例

现有一个二维NumPy数组，该数组包含了某景区一周（周一至周日）的游客人数和门票收入，数据见表4-7所列。

表4-7　某景区一周的游客人数和门票收入统计表

时间	游客人数/人	门票收入/元
周一	500	50000
周二	600	65000
周三	700	75000
周四	550	58000
周五	800	88000
周六	900	99000
周日	750	82000

要求：

（1）创建数组，元素为游客人数和门票收数据。

（2）查询周三的游客人数和门票收入。

（3）在周二和周三之间插入一个特殊活动日的数据（游客人数650，门票收入70000）。

（4）周五的游客人数修改为850。

（5）删除周日的数据。

具体操作如下。

（1）创建数组，代码如下。

```
import numpy as np

# 创建一个二维数组，包含一周的游客数量和门票收入
data_arr = np.array([[500, 50000],[600, 65000],
                     [700, 75000],[550, 58000],
                     [800, 88000],[900, 99000],
                     [750, 82000]])
print(data_arr)
```

新建的数组结果如图4-47所示。

```
[[   500 50000]
 [   600 65000]
 [   700 75000]
 [   550 58000]
 [   800 88000]
 [   900 99000]
 [   750 82000]]
```

图4-47　新建的数组结果

（2）查询操作，代码如下。

```
# 查询周三的游客人数和门票收入
wed_visitors, wed_income = data_arr[2]
print(f'周三游客人数: {wed_visitors},门票收入: {wed_income}')
```

执行结果，如图4-48所示。

```
周三游客人数: 700,门票收入: 75000
```

图4-48　查询操作的结果

（3）插入操作，代码如下。

```
# 创建一个包含特殊活动日数据的数组
special_day = np.array([[650, 70000]])

# 在周二和周三之间插入数据，axis=0表示按行插入
data_arr = np.insert(data_arr, 2, special_day, axis=0)

# 查看插入后的数组
print('插入数据后的数组:\n', data_arr)
```

插入特殊活动日数据后，执行结果如图4-49所示。

```
插入数据后的数组:
[[  500 50000]
 [  600 65000]
 [  650 70000]
 [  700 75000]
 [  550 58000]
 [  800 88000]
 [  900 99000]
 [  750 82000]]
```

图4-49　插入操作结果

```
周五数据修改后的数组:
[[  500 50000]
 [  600 65000]
 [  650 70000]
 [  700 75000]
 [  550 58000]
 [  850 90000]
 [  900 99000]
 [  750 82000]]
```

图4-50　修改操作的结果

（4）修改操作，代码如下。

```
# 使用索引和赋值操作修改周五的数据
data_arr[5, 0] = 850
data_arr[5, 1] = 90000

# 查看修改后的数组
print('周五数据修改后的数组:')
print(data_arr)
```

上述代码执行后，修改后的数组的结果如图4-50所示。

（5）删除操作，代码如下。

```
# 使用delete函数删除周日的数据
data_arr = np.delete(data_arr, -1, axis=0)
print('删除周日数据后的数组:\n', data_arr)
```

执行删除代码后，删除数组的结果如图4-51所示。

```
删除周日数据后的数组:
 [[   500 50000]
 [   600 65000]
 [   650 70000]
 [   700 75000]
 [   550 58000]
 [   850 90000]
 [   900 99000]]
```

图4-51　删除操作结果

第六节　NumPy数组的排序与统计分析

一、NumPy数组的排序

在NumPy中，数组的排序可以通过多种方式完成，这里主要介绍两种方式：一种是使用numpy.argsort()函数，另一种是使用numpy.sort() 函数。

（一）使用numpy.argsort()

numpy.argsort()函数返回的是数组元素从小到大排序后的索引值。

现有四个景点一周的游客人数，数据分别为1200、1500、1100、1300，使用numpy.argsort()函数排序，具体代码如下。

```
import numpy as np
# 四个景点一周的游客人数
tourism_data = np.array([1200, 1500, 1100, 1300])

# 获取按升序排列的索引
sorted_indices = tourism_data.argsort()
print('按升序排列的索引：', sorted_indices)
```

排序后，返回的索引值结果如图4-52所示。

```
按升序排列的索引： [2 0 3 1]
```

图4-52　排序后返回的结果

使用numpy.argsort()函数排序，相当于返回原来数据的索引，这里的数据1200、

1500、1100、1300对应的索引分别为0、1、2、3。升序排序后，数据顺序变为1100、1200、1300、1500，按照原来对应的索引，所以返回的索引为2、0、3、1。

（二）使用 numpy.sort()

numpy.sort() 函数返回一个新的数组，其中包含了原始数组中元素按升序排列的结果。

现对刚刚创建的数组tourism_data，使用numpy.sort()对游客人数进行升序排序，排序的代码如下。

```
# 获取按升序排列的游客人数数据
sorted_data = np.sort(tourism_data)
print('按升序排列的游客人数数据：', sorted_data)
```

排序后，返回的游客人数数据如图4-53所示。

```
按升序排列的游客人数数据： [1100 1200 1300 1500]
```

图4-53　使用numpy.sort()排序的结果

使用numpy.sort()函数排序，和在Excel中排序的结果是一样的，返回的仍是原来的数据，这里不管是numpy.argsort()函数排序还是numpy.sort()函数排序，次序都是升序，若需要降序排列，可使用numpy.sort()函数的kind参数使用不同的排序算法，但实际使用时，通常要先对数组排序，然后使用 [::-1] 进行反转。下面在刚刚升序排序的基础上，给出降序排序的代码：

```
# 获取按降序排列的游客人数数据
sorted_a_descending = sorted_data[::-1]

print('按降序排列的游客人数数据：', sorted_a_descending)
```

降序排序的代码执行后，结果如图4-54所示。

```
按降序排列的游客人数数据： [1500 1300 1200 1100]
```

图4-54　降序排序的结果

二、NumPy数组统计分析函数

NumPy 提供了丰富的数组统计分析功能，这些功能可以帮助我们快速地计算数组中的基本统计量，如均值、标准差、方差、最小值、最大值等。

（一）基本统计函数

现有四个景点一周的游客人数（1200、1500、1100、1300），根据此数据计算出总游客人数、四个景点的平均游客人数、游客人数的标准差、方差、四个景点游客人数的最小值和最大值。

具体代码如下。

```
import numpy as np

# 四个景点一周的游客人数
tourism_data = np.array([1200, 1500, 1100, 1300])

# 计算基本统计量
sum_visitors = np.sum(tourism_data)  #求和
mean_visitors = np.mean(tourism_data)  # 均值
std_dev_visitors = np.std(tourism_data) # 标准差
variance_visitors = np.var(tourism_data)  # 方差
min_visitors = np.min(tourism_data)  # 最小值
max_visitors = np.max(tourism_data)  # 最大值

print(f"求和：{sum_visitors}")
print(f"均值：{mean_visitors}")
print(f"标准差：{std_dev_visitors}")
print(f"方差：{variance_visitors}")
print(f"最小值：{min_visitors}")
print(f"最大值：{max_visitors}")
```

代码中涉及的统计函数如下。

求和：np.sum()。

均值：np.mean()。

标准差：np.std()。

方差：np.var()。

最小值：np.min()。

最大值：np.max()。

这些函数的使用方法基本类似，参数里有参与运算的数组名，可以根据需要添加axis、dtype等参数。

以上统计函数均是针对一维数组，接着看将其应用到二维数组的使用方法。

现有2×3的二维数组，数据为[1, 2, 3], [4, 5, 6]，分别按列和按行求和、求均值。具体代码如下。

```
#创建二维数组matrix
matrix = np.array([[1, 2, 3], [4, 5, 6]])

# 计算列和、列均值
column_sums = np.sum(matrix, axis=0)
column_means = np.mean(matrix, axis=0)
print('列和:',column_sums)
print('列均值:',column_means)

# 计算行和、行均值
row_sums = np.sum(matrix, axis=1)
row_means = np.mean(matrix, axis=1)
print('行和:',row_sums)
print('行均值:',row_means)
```

代码执行后，计算出的结果如图4-55所示。

```
列和: [5 7 9]
列均值: [2.5 3.5 4.5]
行和: [ 6 15]
行均值: [2. 5.]
```

图4-55 二维数组求和、求均值的结果

将上面2×3的数组在表格里表示出来，见表4-8所列。

表4-8 数据在表格中表示

1	2	3
4	5	6

此数组按列求和的计算过程为：1+4，2+5，3+6，即[5,7,9]；按列求均值的计算过程为：（1+4）/2，（2+5）/2，（3+6）/2，即[2.5，3.5，4.5]。

此数组按行求和的计算过程为：1+2+3，4+5+6，即[6,15]；按行求均值的计算过程为：（1+2+3）/3，（4+5+6）/3，即[2，5]。

计算过程如图4-56所示。

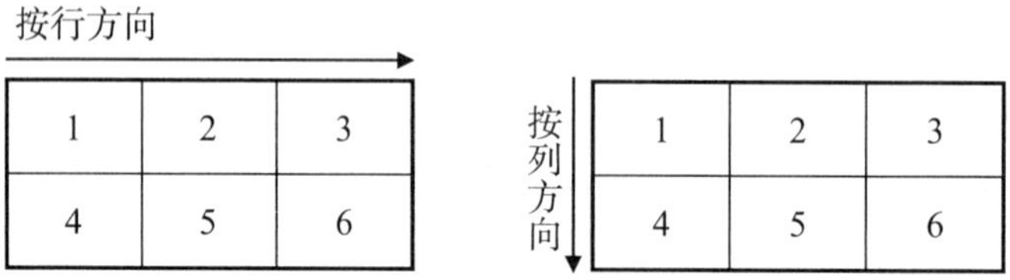

图4-56 二维数组求和、求均值示意图

（二）算术函数

算术函数主要指加、减、乘、除相对应的函数。

加法：np.add()。

减法：np.subtract()。

乘法：np.multiply()。

除法：np.divide()。

现有景点A的两组游客人数[50, 60, 70, 80, 90],[58,68,78,88,98]，景点B的一组游客人数[45, 55, 65, 75, 85]，根据此数据进行相应的加、减、乘、除法运算。具体代码如下。

```
import numpy as np

# 景点A的游客人数
visitors_A = np.array([[50, 60, 70, 80, 90],[58,68,78,88,98]])
# 景点B的游客人数
visitors_B = np.array([45, 55, 65, 75, 85])

# 加法
visitors_sum = np.add(visitors_A, visitors_B)
# 减法
visitors_diff = np.subtract(visitors_A, visitors_B)
# 乘法
visitors_product = np.multiply(visitors_A, visitors_B)
# 除法
visitors_quotient = np.divide(visitors_A, visitors_B)

print('加法结果：\n', visitors_sum)
print('减法结果：\n', visitors_diff)
print('乘法结果：\n', visitors_product)
print('除法结果：\n', visitors_quotient)
```

代码执行后，结果如图4-57所示。

```
加法结果：
 [[ 95 115 135 155 175]
 [103 123 143 163 183]]
减法结果：
 [[ 5  5  5  5  5]
 [13 13 13 13 13]]
乘法结果：
 [[2250 3300 4550 6000 7650]
 [2610 3740 5070 6600 8330]]
除法结果：
 [[1.11111111 1.09090909 1.07692308 1.06666667 1.05882353]
 [1.28888889 1.23636364 1.2        1.17333333 1.15294118]]
```

图4-57　算术函数的运算结果

此算术运算实例比较特殊，是二维数组与一维数组进行加、减、乘、除运算，运算过程为，二维数组按行方向分别和一维数组相对应的元素进行加、减、乘、除运算。两数组相加的计算过程如图4-58所示。

50	60	70	80	90
58	68	78	88	98

数组visitors_A

45	55	65	75	85

数组visitors_B

50+45	60+55	70+65	80+75	90+85
58+45	68+55	78+65	88+75	98+85

图4-58　数组visitors_A与数组visitors_B相加过程

（三）取整函数

1. 四舍五入函数：around()

格式：np.around(arr,decimals)。

参数说明：

①arr：给定的数组。

②Decimals：保留的小数位数，默认为0，若为负数，整数将四舍五入到小数点的左侧位置。

现有某景区游客的点评数据：8.345、7.545、9.021、9.613、6.981，为了运算方便，对其进行四舍五入取整，分三种格式进行：

（1）四舍五入取整；

（2）四舍五入保留2位小数；

（3）四舍五入到小数点的左侧。

具体代码如下。

```
import numpy as np

# 创建数组，存放景点的点评值
rating_arr = np.array([8.345,7.545,9.021,9.613,6.981])

#四舍五入取整
rating_arr1 = np.around(rating_arr)
#四舍五入保留小数点后2位
rating_arr2 = np.around(rating_arr,decimals=2)
#四舍五入取整到小数点的左侧
rating_arr3 = np.around(rating_arr,decimals=-1)

print('四舍五入取整:\n',rating_arr1)
print('保留小数点后2位:\n',rating_arr2)
print('取整到小数点的左侧:\n',rating_arr3)
```

此代码运行后，结果如图4-59所示。

```
四舍五入取整:
 [ 8.  8.  9. 10.  7.]
保留小数点后2位:
 [8.35 7.54 9.02 9.61 6.98]
取整到小数点的左侧:
 [10. 10. 10. 10. 10.]
```

图4-59　四舍五入函数的运行结果

2. 向上取整和向下取整函数

向上取整函数：np.ceil()。

向下取整函数：np.floor()。

现对游客的点评数据8.345、7.545、9.021、9.613、6.981进行向上取整和向下取整。具体代码如下。

```
rating_arr4 = np.ceil(rating_arr)
rating_arr5 = np.floor(rating_arr)
print('向上取整:\n',rating_arr4)
print('向下取整:\n',rating_arr5)
```

代码运行后，结果如图4-60所示。

```
向上取整:
 [ 9.  8. 10. 10.  7.]
向下取整:
 [8. 7. 9. 9. 6.]
```

图4-60　向上取整和向下取整的运算结果

向上取整函数np.ceil()返回大于或者等于指定数据的最小整数。向下取整函数np.floor()返回小于或者等于指定数据的最大整数。

Excel实现取整的函数有Round()、RoundUp()、RoundDown()、使用方法如下。

（1）四舍五入取整：Round(value, decimals)。

Round()函数对参数value按四舍五入法进行舍入，保留decimals位小数。当decimals为负时，在小数点左侧进行舍入；当value为负时，表现与正数完全相反。如：

Round(7.545,0) =8，四舍五入取整；

Round(7.545, 2) =7.55，四舍五入，保留2位小数位数；

Round(7.545,-1) =10，小数点左侧进行四舍五入。

此函数对应NumPy的np. around( )函数。

（2）向上取整：RoundUp(value, decimals)。

RoundUp()函数对参数value向上舍入，保留decimals位小数。当decimals为负时，在小数点左侧进行舍入。如：

RoundUp(8.345,0) = 9，取大于8.345的最小整数；

RoundUp(8.345,2) = 8.35，四舍五入，保留2位小数位数；

RoundUp(8.345,-1) = 10，小数点左侧进行四舍五入。

此函数对应NumPy的np.ceil()函数。

（3）向下取整：RoundDown(value, decimals)。

RoundDown()函数，对参数value向下舍入，保留decimals位小数。当digits为负时，在小数点左侧进行舍入。如：

RoundDown(8.345,0) = 8。

RoundDown(8.345,2) = 8.34。

RoundDown(8.345,-1) = 0。

此函数对应NumPy的np.floor()函数。

第五章 使用Matplotlib可视化旅游业务数据

第一节　初识Matplotlib

一、数据可视化的重要性

数据可视化是将数据转化为图表、图形、地图或其他可视元素的过程，以便更直观地理解和传达数据的关系、模式和趋势。在旅游业务中，数据可视化具有极其重要的作用，主要体现在以下几个方面。

（1）决策支持：通过将旅游数据（如游客人数、消费习惯、旅游热点等）可视化，可以帮助企业快速识别市场趋势，制定相应的营销策略和产品优化方案。

（2）市场分析：数据可视化可以帮助旅游企业分析不同市场的表现，比较不同时间段的业务增长，从而发现增长点或潜在问题。

（3）客户洞察：通过可视化客户数据，可以更好地理解客户需求，提供个性化的旅游产品和服务。

（4）资源优化：在旅游高峰期，通过可视化数据可以有效地调配旅游资源，如酒店、交通等，以提升服务质量和客户满意度。

（5）风险预警：对于可能出现的问题，如旅游安全事故、市场负面舆论等，数据可视化可以迅速反映，帮助政府部门和旅游企业及时应对。

二、Matplotlib库在旅游业务数据中的应用

Matplotlib是Python中一个非常流行的数据可视化库，它提供了丰富的图表类型，如折线图、柱状图、散点图、饼图、雷达图等，适用于旅游业务数据的可视化。Matplotlib在旅游业务数据中的具体应用主要体现在以下几个方面。

（1）游客数量分析：通过Matplotlib绘制折线图或柱状图，可以直观地展示不同时间段（如年、月、日）的游客数量变化，帮助旅游从业者了解游客流量的季节性变化，

以便更好地进行资源调配和市场营销策略的制定。

（2）旅游目的地热度分析：使用Matplotlib绘制热力图或地图，可以展示不同旅游目的地的受欢迎程度。这有助于旅游从业者了解游客的偏好和趋势，从而优化旅游产品的设计和推广。

（3）旅游收益分析：通过Matplotlib绘制柱状图或饼图，可以展示不同旅游项目或产品的收入贡献情况，帮助旅游从业者了解哪些项目或产品更具盈利能力，从而调整经营策略，提高整体收入水平。

（4）游客满意度分析：利用Matplotlib绘制雷达图或条形图，可以展示游客对旅游服务各方面的满意度评价。这有助于旅游从业者了解游客的真实需求和反馈，及时改进服务质量，提升游客满意度和忠诚度。

（5）旅游市场趋势预测：结合时间序列分析和Matplotlib的可视化功能，可以对旅游市场的未来趋势进行预测。通过生成预测曲线图，旅游从业者可以更好地把握市场动向，为未来的经营决策提供有力支持。

总之，Matplotlib作为一个功能强大的数据可视化库，在旅游业务数据分析中具有广泛的应用前景。通过合理利用Matplotlib进行数据可视化，游客可以直观地了解到旅游目的地的热度，帮助游客及时调整出行计划；同时，旅游从业者可以更加直观地了解市场情况和客户需求，从而制定更加科学、合理的经营策略，推动旅游业务的持续、健康发展。

第二节　使用Matplotlib绘制折线图

在Python中使用Matplotlib库绘制图表，首先需要导入Matplotlib库的pyplot。它是一个用于绘制图形的模块，提供了一个类似于MATLAB的绘图框架。

绘制图表时，必须将pyplot模块导入，导入的语法格式为：import matplotlib.pyplot as plt。

一、使用plt.plot()绘制折线图

绘制折线图的语法格式为：plt.plot()，参数说明将在具体的使用实例一一实践。

现简单绘制一个含有数据0～9的折线图。具体代码如下。

```
#导入matplotlib.pyplot模块
import matplotlib.pyplot as plt
#导入numpy
import numpy as np

#生成数据0-9
data = np.arange(10)
#绘制data折线图
plt.plot(data)
#显示折线图
plt.show()
```

这个代码段既即使用了NumPy，又使用了matplotlib.pyplot。NumPy是用来生成数据，matplotlib.pyplot是用来绘制图形，这里是绘制折线图。其实绘制图形都是在画布中进行，此段代码中没有定义画布，则使用默认的画布，因为pyplot模块默认有一个画布（Figure）对象。

上述代码执行后，生成的折线图如图5-1所示。

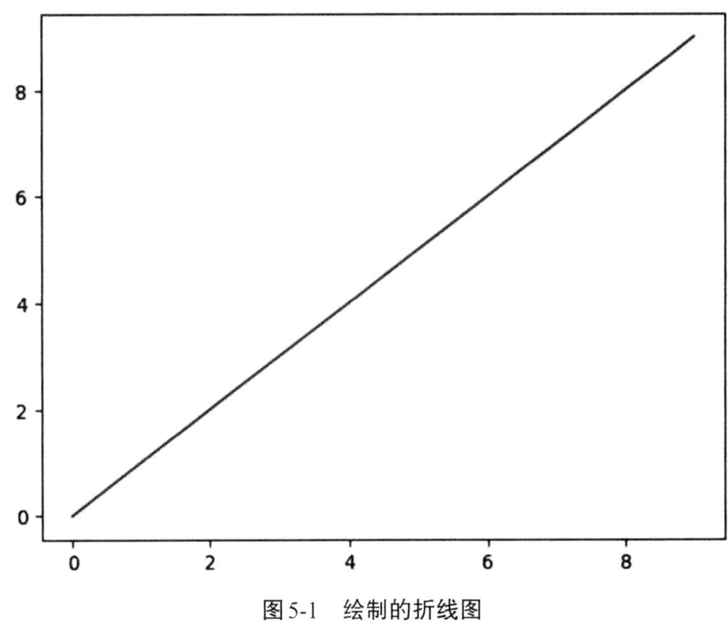

图5-1　绘制的折线图

现有某景区1—12月的游客人数，根据月份和游客人数绘制一个折线图，图表的标题为“Monthly Tourist Visits”。具体代码如下。

```
import matplotlib.pyplot as plt

# 1月至12月游客人数
months = ['Jan', 'Feb', 'Mar', 'Apr', 'May', 'Jun',
          'Jul', 'Aug', 'Sep', 'Oct', 'Nov', 'Dec']
tourists = [10000, 12000, 15000, 18000, 20000, 25000,
            30000, 32000, 28000, 25000, 20000, 15000]

# 创建宽度为10英寸、高度为6英寸的画布
plt.figure(figsize=(10, 6))
# 创建折线图
plt.plot(months, tourists, marker='o',color='b')

# 添加标题和X轴Y轴标签
plt.title('Monthly Tourist Visits')
plt.xlabel('Month')
plt.ylabel('Number of Visitors')

# 显示图表
plt.show()
```

上述代码中，plt.figure(figsize=(10, 6))表示绘制一个画布，画布的高度为10英寸、宽度为6英寸（1英寸=2.54厘米）。plt.plot(months, tourists, marker='o',color='b')表示绘制折线图，以months数据作为X轴，tourists数据作为Y轴，marker='o'，表示折线图上标记样式用“圆圈”，若marker='s'表示标记样式用正方形，marker=‘^’表示标记样式用三角形。color='b'表示折线的线条和数据点的颜色用“蓝色”。plt.title('Monthly Tourist Visits')表示折线图的标题为“Monthly Tourist Visits”，plt.xlabel('Month')表示添加X轴标签为“Month”，plt.ylabel('Number of Visitors')表示添加Y轴标签为“Number of Visitors”。

代码执行后，绘制的折线图如图5-2所示。

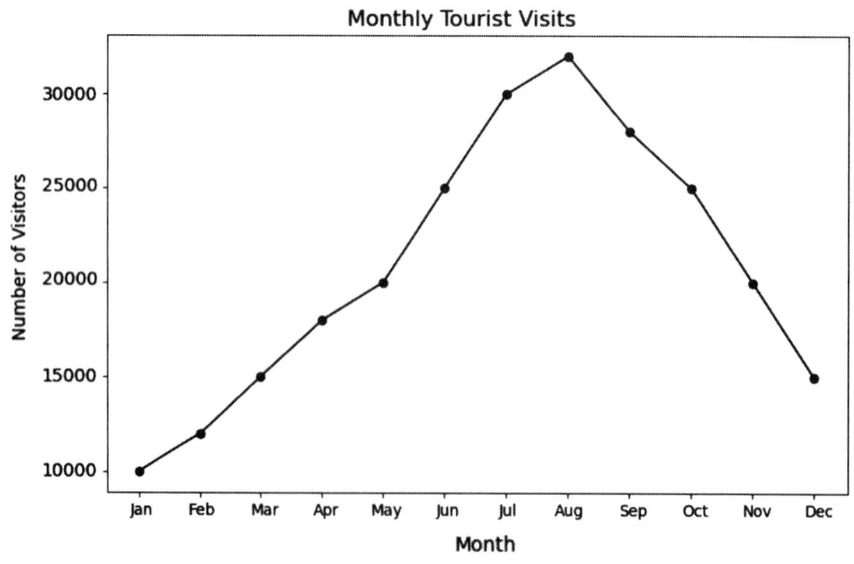

图5-2　每月游客访问量折线图

二、使用subplots()函数创建多个子图

在Matplotlib中，使用plt.subplots()函数可以创建一个包含多个子图的图形。

现仍生成数据0～9，创建4个子图，分别绘制函数*y*=*x*、*y*=–*x*图形和*y*=sin(*x*)、*y*=cos(x)的图形。具体代码如下。

```
#导入matplotlib.pyplot模块
import matplotlib.pyplot as plt
#导入numpy
import numpy as np

#生成数据0-9
data = np.arange(10)
#创建一个包含两个子图的图形，返回子数组axs
fig,axs = plt.subplots(2,2,figsize=(10,6))

#从数组axs中分别获取每个子图
ax1 = axs[0,0]
ax2 = axs[0,1]
ax3 = axs[1,0]
ax4 = axs[1,1]

#绘制4个折线图
ax1.plot(data,data)
ax2.plot(data,-data)
ax3.plot(data,np.sin(data))
ax4.plot(data,np.cos(data))
#显示折线图
plt.show()
```

上述代码中，fig,axs = plt.subplots(2,2,figsize=(10,6))，其中figsize=(10,6)表示创建高度为10英寸、宽度为6英寸的画布。subplots( )函数将整个画布划分为2×2的矩阵区域，也就是创建4个子图，存放在数组axs中；ax1 = axs[0,0]、ax2 = axs[0,1]、ax3 = axs[1,0]、ax4 = axs[1,1]分别表示使用索引从数组axs中获取相应子图。ax1.plot(data,data)和ax2.plot(data,-data)，分别表示绘制函数*y*=*x*和*y*=–*x*的图形。ax3.plot(data,np.sin(data))和ax4.plot(data,np.cos(data))，分别表示绘制正弦函数和余弦函数的图形。

代码运行后，绘制的4个子图如图5-3所示。

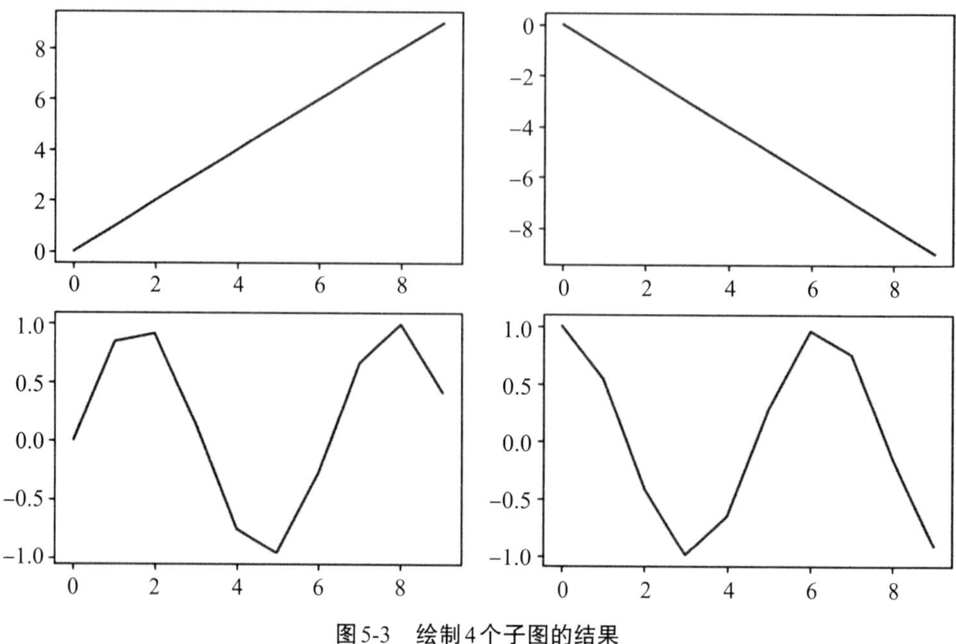

图5-3 绘制4个子图的结果

现有某景区1—12月的游客人数和人均消费金额，现绘制2个折线图，一个折线图根据月份和游客人数数据绘制，另一个折线图根据月份和人均消费金额数据绘制。具体代码如下。

```
import matplotlib.pyplot as plt

# 每月游客人数和人均消费数据
months = ['Jan', 'Feb', 'Mar', 'Apr', 'May', 'Jun',
          'Jul', 'Aug', 'Sep', 'Oct', 'Nov', 'Dec']
tourists = [10000, 12000, 15000, 18000, 20000, 25000,
            30000, 32000, 28000, 25000, 20000, 15000]
average_spending = [850, 900, 850, 800, 750, 700,
                    500, 550, 600, 650, 700, 800]

# 创建一个包含两个子图的图形
fig, axs = plt.subplots(2, 1, figsize=(10, 8))

# 第一个子图：游客数量随时间的变化
axs[0].plot(months, tourists, marker='o', color='b')
axs[0].set_title('Trends in annual visitor numbers')
axs[0].set_xlabel('month')
axs[0].set_ylabel('Number of Visitors')
axs[0].grid(True)
```

```
# 第二个子图：平均消费随时间的变化
axs[1].plot(months, average_spending, marker='s',color='g')
axs[1].set_title('Trends in annual average consumption')
axs[1].set_xlabel('month')
axs[1].set_ylabel('average_spending')
axs[1].grid(True)

# 调整子图之间的间距
plt.tight_layout()

# 显示图形
plt.show()
```

上述代码中，axs[0].set_title('Trends in annual visitor numbers')用来设置折线图的标题，axs[0].set_xlabel('month')和axs[0].set_ylabel('Number of Visitors')用来设置*X*轴和*Y*轴的标签，axs[0].grid(True)表示显示网络线。

代码执行后，绘制的折线图如图5-4所示。

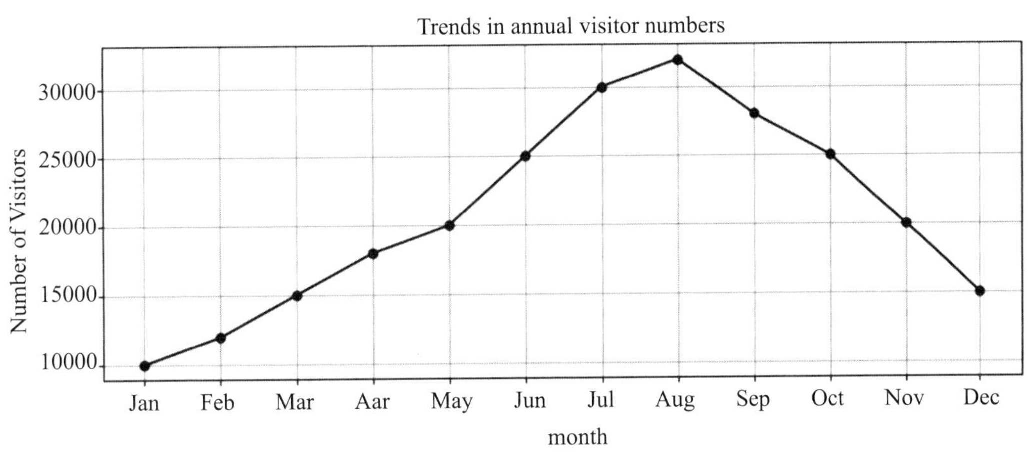

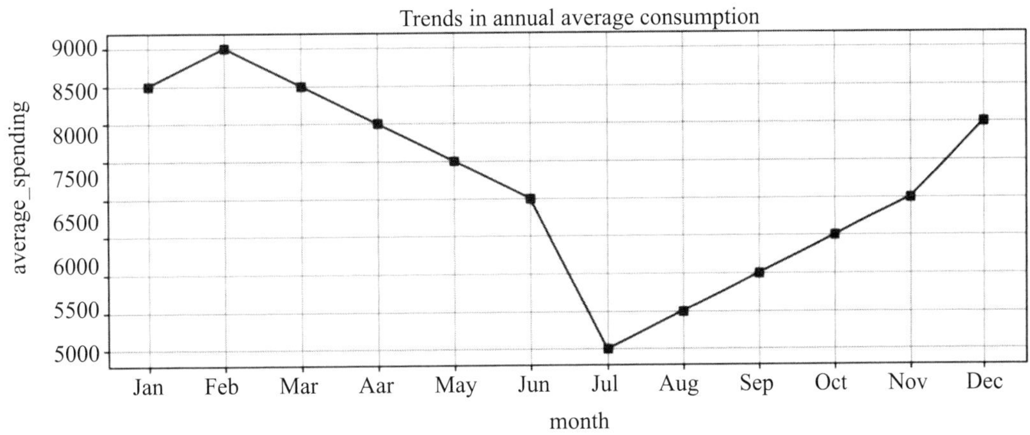

图5-4 绘制2个子图的结果

二、使用add_subplot()方法创建子图

创建子图也可以通过Figure类add_subplot()方法实现，该方法可以在现有的图形上创建一个新的子图，并返回一个代表该子图的Axes对象，之后可以在该对象上进行绘图操作。

格式：add_subplot(nrows,ncols,index)。

参数说明：

①nrows：表示子图网络的行数。

②ncols：表示子图网格的列数。

③index：表示子图在网格中的位置索引，从1开始，从左到右，从上到下依次加1。

④matplotlib的图像都位于Figure对象中，可以用plt.figure创建一个新的Figure：fig = plt.figure()。但是不能通过空Figure绘图，绘图必须使用add_subplot创建一个或多个subplot才可以进行绘制。代码如下。

```
ax1 = fig.add_subplot(2, 2, 1)
```

此代码表示绘制的图像是2×2的矩阵排列方式（即最多4张图），且当前选中的是4个subplot中的第一个（编号从1开始）。

可以使用以下代码，再创建三个同样大小的图像。

```
ax2 = fig.add_subplot(2, 2, 2)
ax3 = fig.add_subplot(2, 2, 3)
ax4 = fig.add_subplot(2, 2, 4)
```

注意，每调用一次add_subplot( )方法，只会添加一个子图。当调用plot()函数绘制图形时，则会在最后一次指定的子图上画图。

现要求生成一个包含80个标准正态分布随机样本的数组。然后在画布添加四个子图，在第二个子图上使用黑色虚线绘制这个数组的累积和的折线图。

具体代码如下。

```
#导入matplotlib.pyplot模块和numpy库
import matplotlib.pyplot as plt
import numpy as np

#创建一个新figure
fig = plt.figure()
#添加4个子图，在第2个子图绘图
ax1 = fig.add_subplot(2, 2, 1)
ax3 = fig.add_subplot(2, 2, 3)
ax4 = fig.add_subplot(2, 2, 4)
ax2 = fig.add_subplot(2, 2, 2)

#绘制累积和的折线图，线形为黑色虚线
plt.plot(np.random.randn(80).cumsum(), 'k--')
plt.show()
```

代码执行后，绘制的图形如图5-5所示。

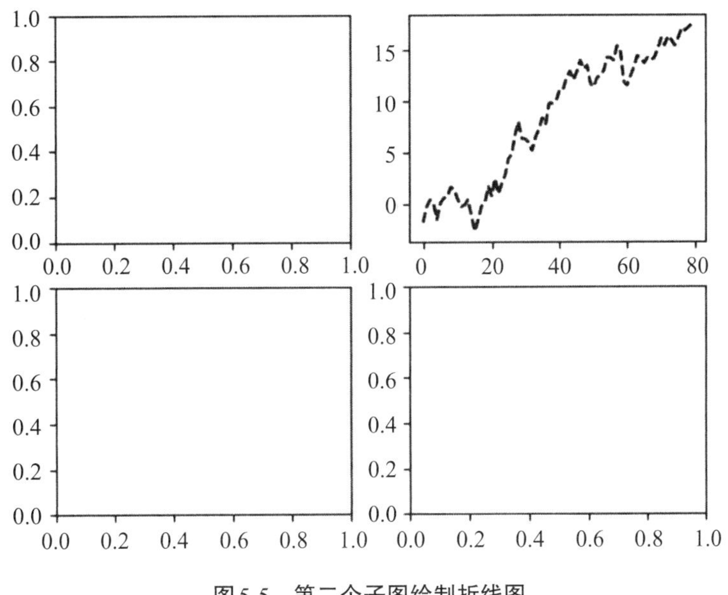

图5-5　第二个子图绘制折线图

上述代码中，添加子图的顺序，最后一个索引位置为2，所以折线图只绘制在第二个子图中。代码plt.plot(np.random.randn(80).cumsum(), 'k--')，表示绘制一个折线图，线形为黑色虚线，数据为随机生成的80个样本的累积和。

现将某景区1—12月的游客人数和人均消费金额绘制两个折线图，一个折线图根据月份和游客人数数据绘制，另一个折线图根据月份和人均消费金额数据绘制。要求添加四个子图，将第一个折线图绘制在第一个子图中，第三个折线图绘制在第四个子图中。具体代码如下。

```
import matplotlib.pyplot as plt

# 每月游客人数和人均消费数据
months = ['Jan', 'Feb', 'Mar', 'Apr', 'May', 'Jun',
          'Jul', 'Aug', 'Sep', 'Oct', 'Nov', 'Dec']
tourists = [10000, 12000, 15000, 18000, 20000, 25000,
            30000, 32000, 28000, 25000, 20000, 15000]
average_spending = [8500, 9000, 8500, 8000, 7500, 7000,
                    5000, 5500, 6000, 6500, 7000, 8000]

#创建一个新figure
fig = plt.figure()
#添加4个子图
ax1 = fig.add_subplot(2, 2, 1)
ax2 = fig.add_subplot(2, 2, 2)
ax3 = fig.add_subplot(2, 2, 3)
ax4 = fig.add_subplot(2, 2, 4)

# 在第一个子图绘制“游客数量随时间的变化”折线图
ax1.plot(months, tourists, marker='o', color='b')
# 在第四个子图绘制“平均消费随时间的变化”折线图
ax4.plot(months, average_spending, marker='s',color='g')

# 调整子图之间的间距
plt.tight_layout()
# 显示图形
plt.show()
```

上述代码中，分别要在第一个子图和第四个子图中绘制折线图，使用绘制折线图语句时专门指定了ax1和ax4，所以不是在默认的最后一个索引位置绘制。

代码运行后，生成的折线图如图5-6所示。

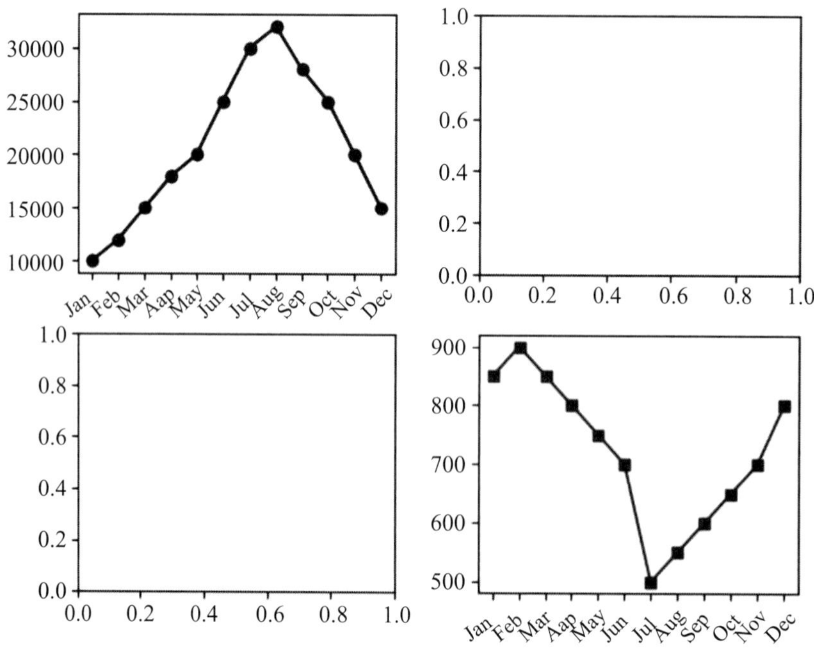

图5-6 指定子图绘制折线图

现使用上述数据绘制折线图，不添加子图，将折线显示在同一个坐标内。具体代码如下。

```
import matplotlib.pyplot as plt

# 1月至12月游客人数及人均消费
months = ['Jan', 'Feb', 'Mar', 'Apr', 'May', 'Jun',
          'Jul', 'Aug', 'Sep', 'Oct', 'Nov', 'Dec']
tourists = [10000, 12000, 15000, 18000, 20000, 25000,
            30000, 32000, 28000, 25000, 20000, 15000]

average_spending = [8500, 9000, 8500, 8000, 7500, 7000,
                    5000, 5500, 6000, 6500, 7000, 8000]
# 创建宽度为10英寸、高度为6英寸的画布
plt.figure(figsize=(10, 6))
# 创建折线图
plt.plot(months, tourists, marker='o',color='b')
plt.plot(months, average_spending, marker='s',color='g')
plt.show()
```

代码运行后，生成的折线图如图5-7所示。

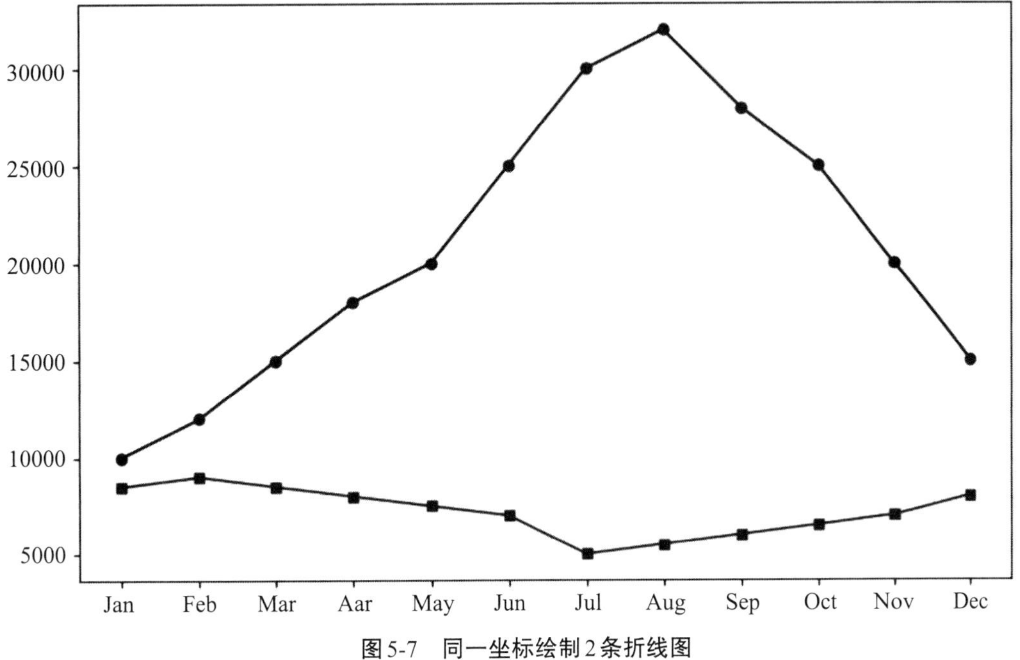

图5-7　同一坐标绘制2条折线图

第三节　使用Matplotlib绘制其他图形

Matplotlib不仅能绘制折线图，还能绘制柱形图、条形图、直方图、饼图，散点图、箱形图等。

一、绘制柱形图

柱形图（Bar Chart）是一种非常直观的可视化手段，它通过水平或垂直的柱子来表示数据的大小。

绘制柱形图的语法格式：plt.bar()。

（一）绘制简单柱形图

现使用景点地点分别为重庆、成都、北京、杭州，门票价格分别为80元、90元、120元、100元，绘制一个柱形图，直观地看出门票价格的区别。具体代码为

```
import matplotlib
import matplotlib.pyplot as plt
#设置中文字体
matplotlib.rc('font', family='Microsoft YaHei')
```

```
#景点地点及门票价格
location = ['重庆','成都','北京','杭州']
price = [80,90,120,100]

#绘制柱形图
plt.bar(location,price)
plt.show()
```

代码执行后，生成的柱形图如图5-8所示。

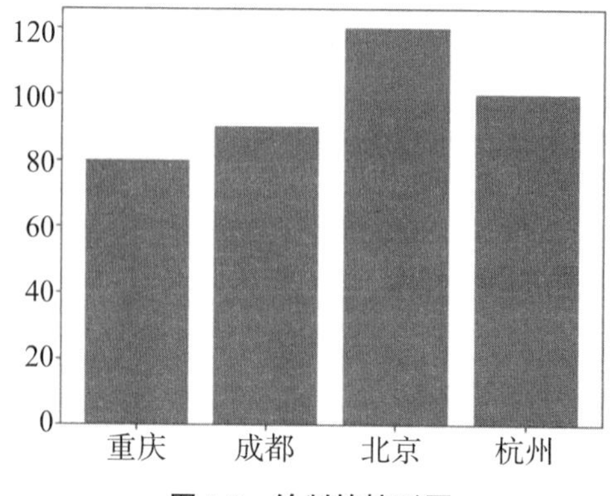

图5-8　绘制的柱形图

针对图5-8，对其添加标题“景点地点及门票价格”，X轴添加标签“地点”，Y轴添加标签“门票价格“，柱形图颜色为绿色。

具体代码如下。

```
import matplotlib
import matplotlib.pyplot as plt

# 设置中文字体
matplotlib.rc('font', family='Microsoft YaHei')

# 景点地点及门票价格
location = ['重庆', '成都', '北京', '杭州']
price = [80, 90, 120, 100]

# 绘制柱形图
fig, ax = plt.subplots()
bars = ax.bar(location, price, color='g')

# 在顶部添加数据标签
ax.bar_label(bars, padding=1)

# 添加标题和标签
ax.set_title('景点地点及门票价格')
ax.set_xlabel('地点')
ax.set_ylabel('门票价格')

plt.show()
```

上述代码中，换了一种思路绘制柱形图，首先创建了一个子图，接着绘制柱形图，然后在数据系列顶部添加数据标签，并分别设置柱形图的标题、X轴标签和Y轴标签。

代码运行后，绘制的柱形图如图5-9所示。

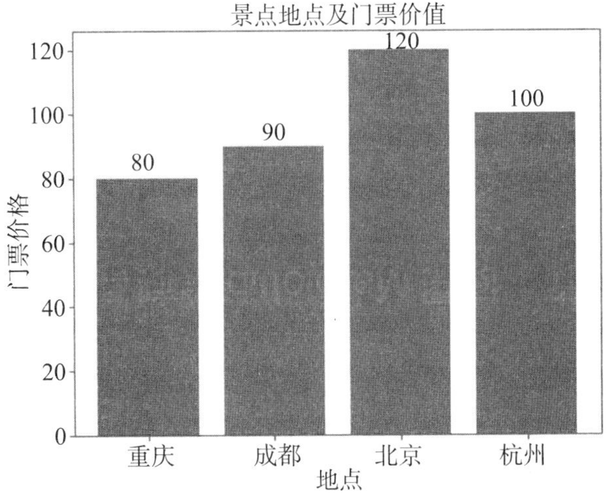

图5-9　添加数据标签的柱形图

（二）绘制多柱形图

绘制简单柱形图时，只显示一个数据系列，也就是一个柱形条。在实际应用中，经常会用多个数据进行比较，这样在生成的柱形图中，一个标签对应多个柱形条，在绘制时就需要特别注意柱形条的显示位置，一定不能重叠在一起。

现使用NumPy库的np.random.randint()函数生成随机整数的数组，数据分别表示海边和山区1年各月份的游客人数。使用此数据绘制柱形图，代码如下。

```
import matplotlib
import matplotlib.pyplot as plt
import numpy as np
# 设置中文字体
matplotlib.rc('font', family='Microsoft YaHei')

# 海边和山区1年的游客人数
months = ['一月', '二月', '三月', '四月', '五月', '六月',
          '七月', '八月', '九月', '十月', '十一月', '十二月']
island_tourists = np.random.randint(15000, 55000, size=12)
mountain_tourists = np.random.randint(6000, 27000, size=12)

# 设置柱形图的宽度
bar_width = 0.36

# 计算每个柱形的位置
index = np.arange(len(months))

# 绘制柱形图
plt.figure(figsize=(12, 6))
plt.bar(index, island_tourists, bar_width, label='海边', color='skyblue')
plt.bar(index + bar_width, mountain_tourists, bar_width,
        label='山区', color='lightgreen')

# 设置标题和标签
plt.xlabel('月份')
plt.ylabel('游客人数')
plt.title('不同旅游目的地各月份游客数量柱形图')
plt.xticks(index + bar_width / 2, months)

# 添加图例
plt.legend()

# 显示图形
plt.show()
```

上述代码中，island_tourists = np.random.randint(15000, 55000, size=12)，表示生成一个包含12个随机整数的NumPy数组，每个整数都是在15000（包含）和55000（不包含）之间的一个随机整数。这些随机整数代表了一年中每个月份去海边旅游的人数。plt.bar(index + bar_width, mountain_tourists, bar_width, label='山区', color='lightgreen')表示绘制山区的柱形条，参数index + bar_width确定柱形条的位置，在海边柱形条的位置加上柱形条的宽度，这样两个柱形条就不会出现重叠的情况。plt.xticks(index + bar_width / 2, months)中，参数index + bar_width / 2是用来计算柱形的中心位置，计算出的中心位置用来设置X轴的刻度标签显示位置，标签内容为months列表中对应的月份名称。plt.legend()用来添加图例。

代码执行后，绘制的柱形图如图5-10所示。

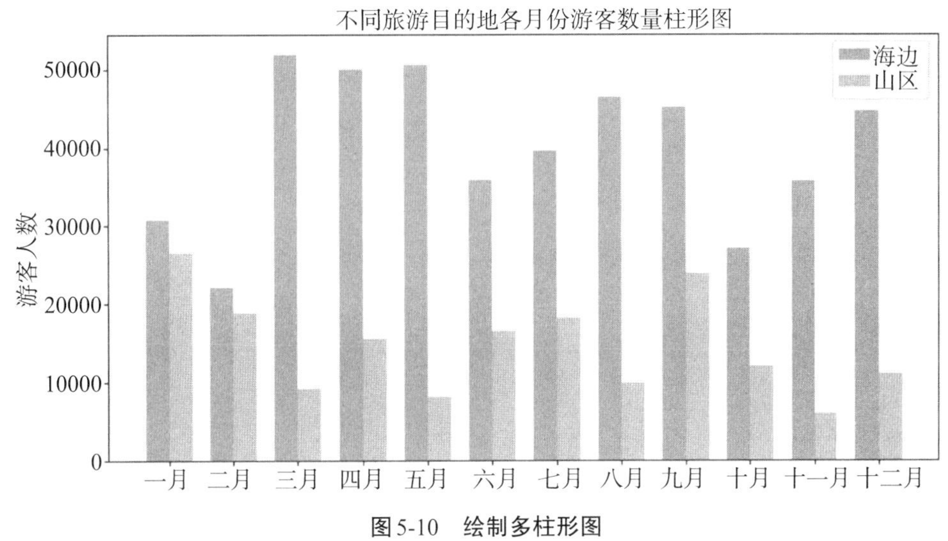

图5-10　绘制多柱形图

二、绘制条形图

条形图和柱形图在很多情况下是可以互换使用的图表，它们描述的是同一种图表类型。这种图表类型通过水平或垂直的条形来展示数据的比较。条形图通常指的是水平方向的条形，而柱形图通常指的是垂直方向的条形。

条形图的语法格式：plt.barh()。

这里以柱形图的实例来绘制条形图，使用时会发现只需要在绘制柱形图的代码上稍做修改，就能绘制出条形图。

（一）绘制简单条形图

现使用景点地点分别为重庆、成都、北京、杭州，门票价格分别为80元、90元、120元、100元，绘制一个条形图，对其添加标题“景点地点及门票价格”，Y轴添加标签“地点”，X轴添加标签“门票价格“，柱形图颜色为绿色。

具体代码如下。

```
import matplotlib
import matplotlib.pyplot as plt

# 设置中文字体
matplotlib.rc('font', family='Microsoft YaHei')

# 景点地点及门票价格
location = ['重庆', '成都', '北京', '杭州']
price = [80, 90, 120, 100]

# 绘制柱形图
fig, ax = plt.subplots()
bars = ax.barh(location, price, color='g')

# 在顶部添加数据标签
ax.bar_label(bars, padding=1)

# 添加标题和标签
ax.set_title('景点地点及门票价格')
ax.set_ylabel('地点')
ax.set_xlabel('门票价格')

plt.show()
```

从代码中很容易看出，绘制柱形图与条形图的区别，绘制条形图，只需要把柱形图的X轴和Y轴数据对调，绘制图形语句变成plt.barh()即可。

代码运行后，生成的条形图如图5-11所示。

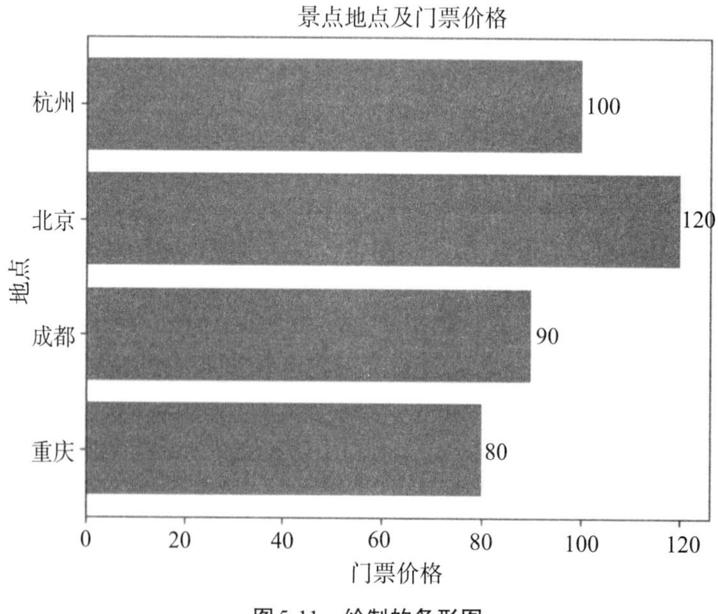

图5-11　绘制的条形图

（二）绘制多条形图

这里使用绘制多柱形图的数据来绘制多条形图。
具体代码如下。

```
import matplotlib
import matplotlib.pyplot as plt
import numpy as np
# 设置中文字体
matplotlib.rc('font', family='Microsoft YaHei')

# 海边和山区1年的游客人数
months = ['一月', '二月', '三月', '四月', '五月', '六月',
          '七月', '八月', '九月', '十月', '十一月', '十二月']
island_tourists = np.random.randint(15000, 55000, size=12)
mountain_tourists = np.random.randint(6000, 27000, size=12)

# 设置柱形图的宽度
bar_width = 0.36

# 计算每个柱形的位置
index = np.arange(len(months))

# 绘制柱形图
plt.figure(figsize=(12, 6))
plt.barh(index, island_tourists, bar_width, label='海边', color='skyblue')
plt.barh(index + bar_width, mountain_tourists, bar_width,
        label='山区', color='lightgreen')

# 设置标题和标签
plt.ylabel('月份')
plt.xlabel('游客人数')
plt.title('不同旅游目的地各月份游客数量柱形图')
plt.yticks(index + bar_width / 2, months)

# 添加图例
plt.legend()

# 显示图形
plt.show()
```

代码执行后，绘制的条形图如图5-12所示。

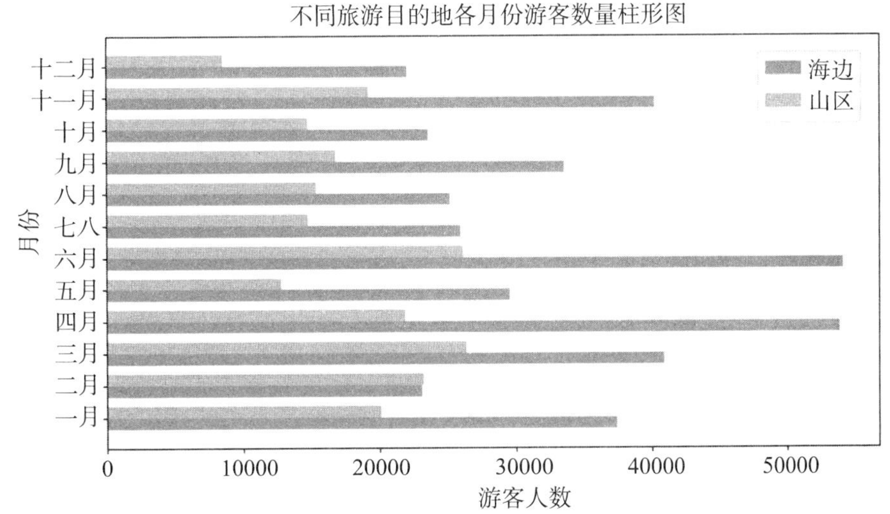

图5-12　绘制的多条形图

三、绘制直方图

直方图通常用于展示数据的分布情况。

绘制直方图的语法格式：plt.hist()。

现绘制一个直方图，反应游客年龄分布情况。游客年龄使用随机函数生成，直方图颜色用绿色，边缘颜色用黑色。添加直方图标题和X轴、Y轴标签。

具体代码如下。

```
import matplotlib
import matplotlib.pyplot as plt

# 设置中文字体
matplotlib.rc('font', family='Microsoft YaHei')
# 随机生成游客年龄数据
ages = np.random.randint(6, 80, 1000)

# 绘制直方图
plt.hist(ages, bins=15, color='green', edgecolor='black')
plt.xlabel('年龄')
plt.ylabel('人数')
plt.title('游客年龄分布直方图')
plt.show()
```

代码运行后，生成的直方图如图5-13所示。

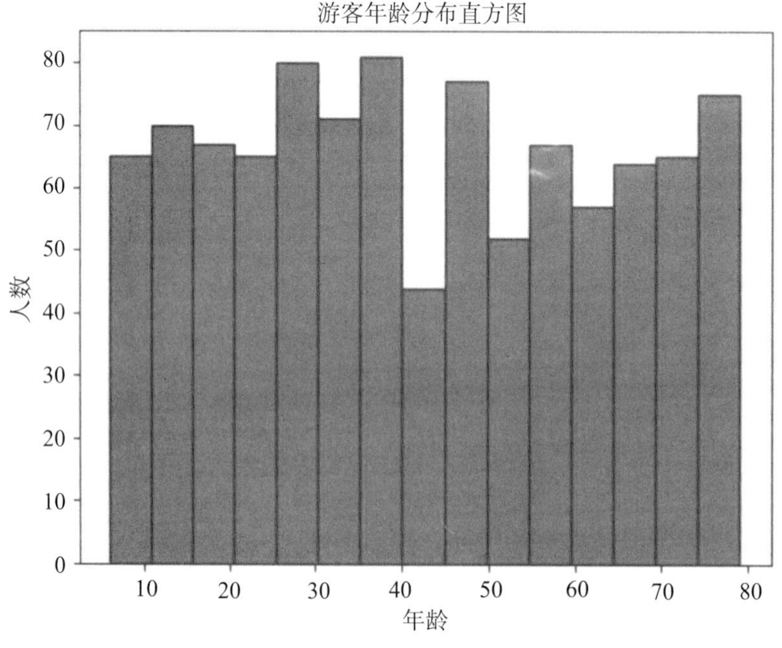

图5-13　绘制的直方图

四、绘制散点图

散点图用于展示两个变量之间的关系。

绘制散点图的语法格式：plt.scatter()。

现随机生成游客年龄（年龄为18～80岁）与游客的消费额数据（消费额为0～1000元），使用此数据生成散点图，反应游客年龄与消费额之间的关系。具体代码如下。

```
import matplotlib
import matplotlib.pyplot as plt

# 设置中文字体
matplotlib.rc('font', family='Microsoft YaHei')
#随机生成游客年龄与消费额数据
ages = np.random.randint(18, 80, 100)
spending = np.random.rand(100) * 1000

plt.scatter(ages, spending, color='lightgreen')
plt.xlabel('年龄')
plt.ylabel('消费额（元）')
plt.title('游客年龄与消费额散点图')
plt.show()
```

代码执行后，生成的散点图如图5-14所示。

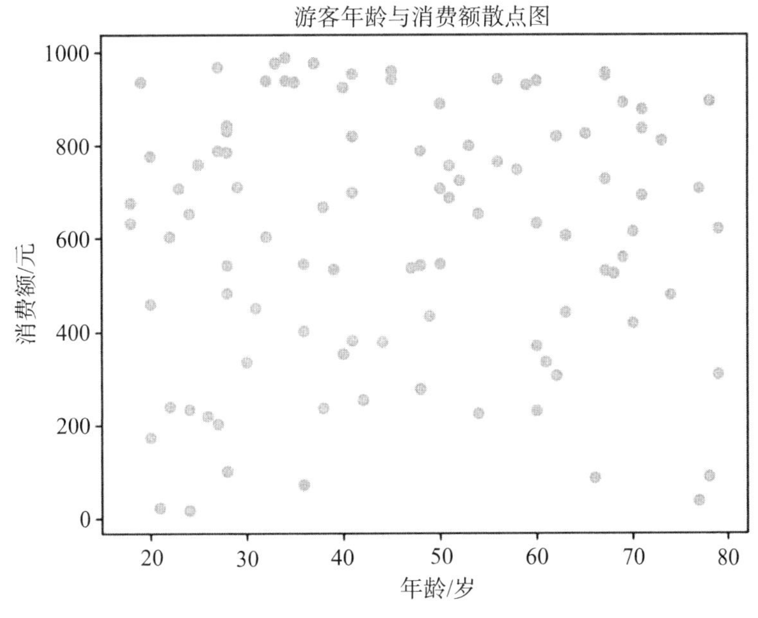

图5-14　绘制的散点图

五、绘制饼图

饼图通常用于展示不同类别的数据在整体中的占比。

绘制饼图的语法格式：plt.pie()。

现有一组关于旅游的出行方式的统计数据，自驾、乘坐公共汽车、乘坐火车、乘坐飞机这四种出行方式的数据占比分别为18%、28%、44%、10%，使用此数据绘制饼图。具体代码如下。

```
import matplotlib
import matplotlib.pyplot as plt

# 设置中文字体
matplotlib.rc('font', family='Microsoft YaHei')

#出行方式、占比及颜色
datas = [18, 28, 44, 10]
labels = ['自驾', '汽车', '火车', '飞机']
colors = ['gold', 'yellowgreen', 'lightcoral', 'lightblue']

#绘制饼图
plt.pie(datas,labels=labels, colors=colors)
plt.title('游客出行方式')
plt.show()
```

代码执行后中，绘制的饼图如图5-15所示。

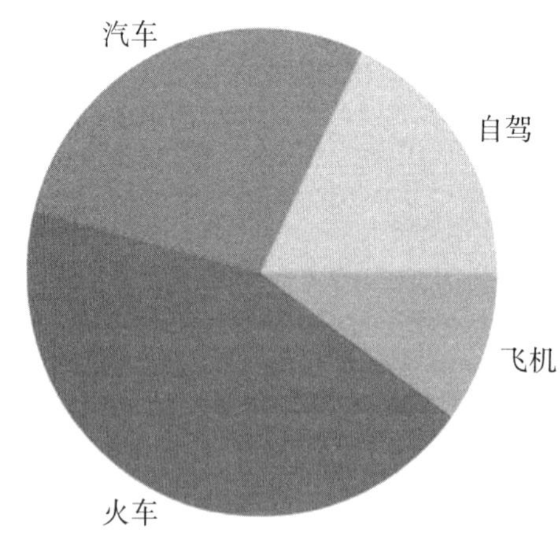

图5-15　绘制的饼图

图5-15是一个最简单的饼图，现对饼图进行一些格式设置，突出显示出行方式占比最少的模块，以分离的形式展示，同时，在饼图中把各种出行方式的占比数据显示出

来，饼图添加阴影，饼图的绘制从位于 *X* 轴正方向右侧约 140 度的位置开始，代码修改如下。

```
import matplotlib
import matplotlib.pyplot as plt

# 设置中文字体
matplotlib.rc('font', family='Microsoft YaHei')

#出行方式、占比及颜色
datas = [18, 28, 44, 10]
labels = ['自驾', '汽车', '火车', '飞机']
colors = ['gold', 'yellowgreen', 'lightcoral', 'lightblue']
#分裂显示飞机占比数据
explode = (0, 0, 0, 0.1)

#绘制饼图
plt.pie(datas, explode=explode, labels=labels, colors=colors,
        autopct='%1.1f%%', shadow=True, startangle=140)
# 设置饼图为圆形
plt.axis('equal')
plt.title('游客出行方式')
plt.show()
```

上述代码中，explode = (0, 0, 0, 0.1)表示飞机占比模块分裂显示；语句 plt.pie(datas, explode=explode, labels=labels, colors=colors， autopct='% 1.1f%%', shadow=True, startangle=140)中，参数 explode 设置分离显示，autopct='%1.1f%%'表示保留 1 位小数，shadow=True 表示饼图添加阴影，startangle=140 表示饼图的绘制将从位于 *X* 轴正方向右侧约 140 °的位置开始。

代码运行后，生成的饼图如图 5-16 所示。

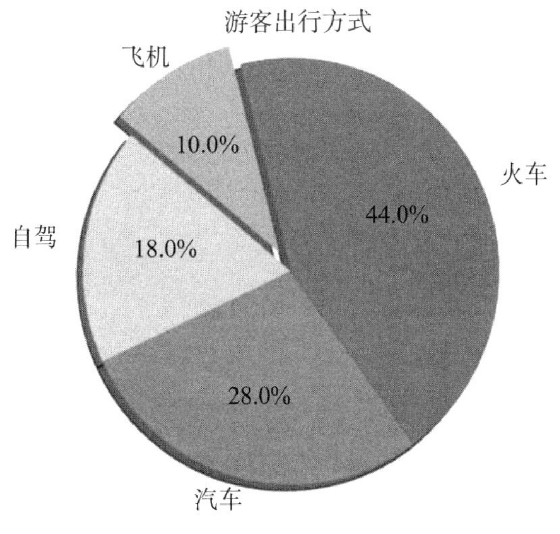

图 5-16　设置格式后的饼图

六、绘制箱形图

箱形图（Box Plot）是一种用于显示数据分布情况的图形，它能够展示数据的中位数、四分位数、异常值等信息。

绘制箱形图的语法格式：plt.boxplot()。

现有五类旅游目的地，分别是海滩度假、健康养生、城市观光、自然风景、文化遗产，每类旅游目的地的消费额数据见表5-1所列，使用此数据绘制箱形图。

表5-1 不同旅游目的地消费额数据

海滩度假	健康养生	城市观光	自然风景	文化遗产
1500	1200	1000	800	1000
1000	800	700	500	600
1200	1100	900	700	800
700	600	500	400	500
900	800	700	600	700

具体代码如下。

```
import matplotlib.pyplot as plt
import numpy as np
import matplotlib
# 设置中文字体
matplotlib.rc('font', family='Microsoft YaHei')

# 不同旅游目的地的消费额
destinations = ['海滩度假', '健康养生', '城市观光',
                '自然风景', '文化遗产']
consumption = np.array([[1500, 1200, 1000, 800, 1000],
                        [1000, 800, 700, 500, 600],
                        [1200, 1100, 900, 700, 800],
                        [700, 600, 500, 400, 500],
                        [900, 800, 700, 600, 700]])

# 绘制箱形图
plt.figure(figsize=(10, 6))
plt.boxplot(consumption)

# 设置标题和标签
plt.title('不同旅游目的地消费额箱形图')
plt.ylabel('消费额（元）')
plt.xlabel('目的地')
#设置X轴的刻度标签为destinations
plt.xticks(range(1, len(destinations) + 1),destinations)

# 显示图形
plt.show()
```

代码运行后，绘制的箱形图如图5-17所示。

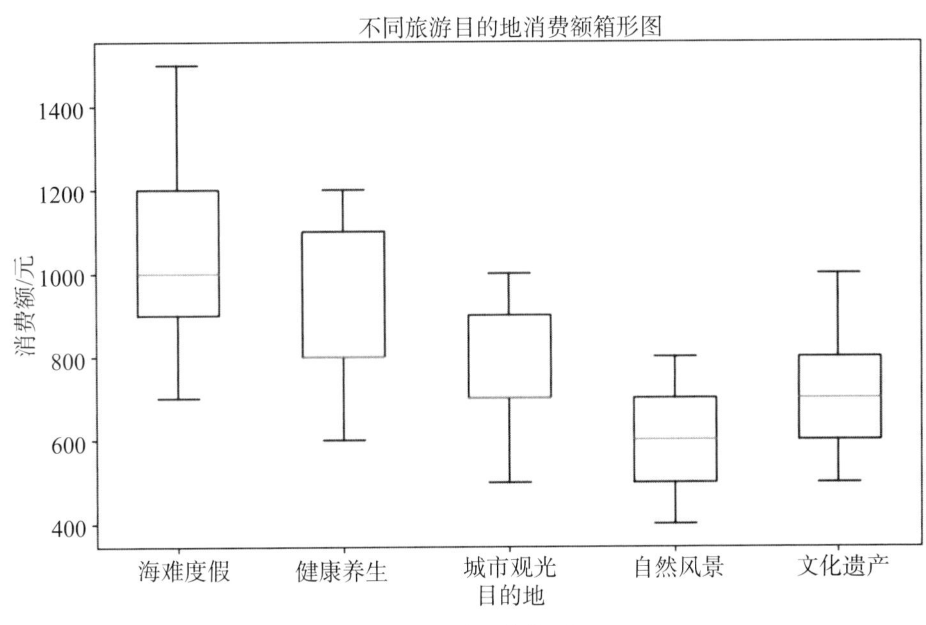

图5-17　绘制的箱形图

箱形图的每个箱子代表了一类旅游目的地的消费额数据的分布范围，箱子中间的线代表中位数，箱子的上下边缘分别代表第一四分位数（Q1）和第三四分位数（Q3）。有时也会在箱子外出现一点，这个点表示异常值，因为这些值远低于Q1或远高于Q3，此箱形图里没有出现异常值。

Excel中，绘制的图表类型也比较多，如折线图、柱形图、条形图、直方图、XY散点图、饼图、箱形图等。现使用前面的数据分别生成折线图、柱形图、条形图、饼图，这里只描述插入折线图的操作方法，其他类型的图表，操作方法与插入折线图的方法类似。

A	B	C	D	E	F	G	H	I	J	K	L	M
	Jan	Feb	Mar	Apr	May	Jun	Jul	Aug	Sep	Oct	Nov	Dec
游客人数	10000	12000	15000	18000	20000	25000	30000	32000	28000	25000	20000	15000
消费额	8500	9000	8500	8000	7500	7000	5000	5500	6000	6500	7000	8000

图5-18　原始数据在Excel中的显示效果

插入折线图的操作步骤：第一步，选中数据源，即选中单元格A1：M3；第二步，切换到“插入”选项卡，点击图表右下角的扩展按钮，弹出“插入图表”对话框，选择“所有图表”中的“折线图”，再选择“带数据标记的折线图”，如图5-19所示。最后点击“确定”，就能生成折线图，如图5-20。可以根据需要添加图表标题和*X*轴和*Y*轴标签以及图例等。

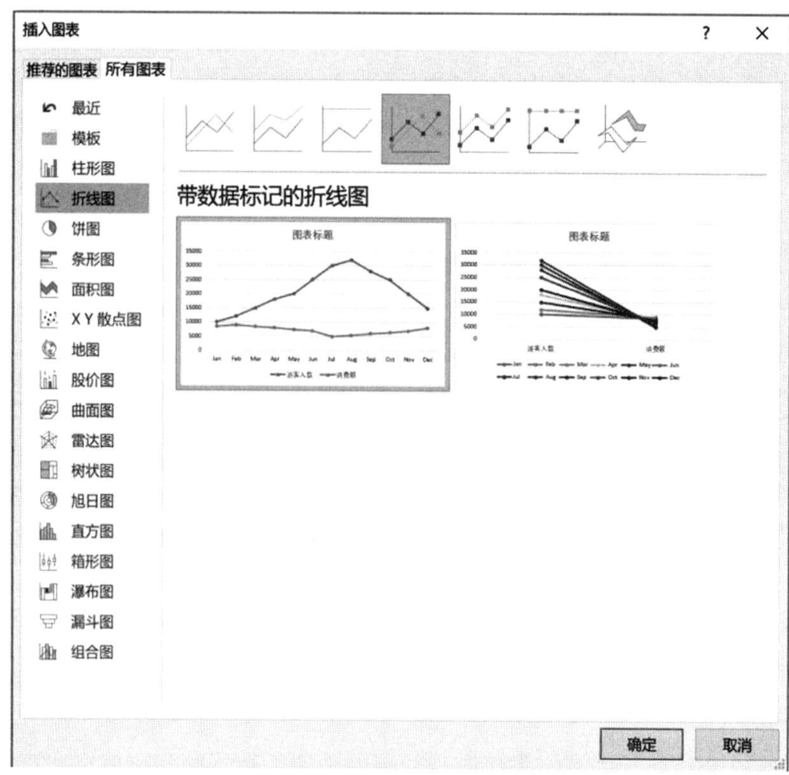

图 5-19　“插入图表”对话框

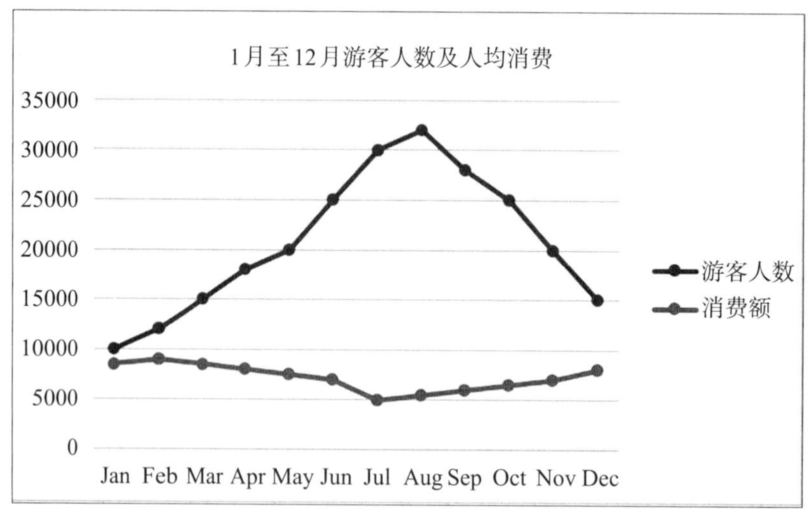

图 5-20　Excel中生成的折线图

Excel中插入其他类型的图表，与插入折线图步骤一样，都是首先选中数据源，在第二步中，“插入图表”对话框选择需要生成的图表类型即可完成。

第六章

使用Seaborn可视化旅行社销售数据

第一节　初识Seaborn

Seaborn是一个基于Matplotlib的Python数据可视化库，它提供了一个更加直观、简洁的接口来创建统计图形。Seaborn的图形比Matplotlib更具有艺术性和可读性，能够帮助用户更有效地传达数据中的模式和关系。

1. Seaborn的特点

Seaborn的特点主要体现以下几个方面。

（1）简单易用：Seaborn提供了一组高级API，使用户能够轻松创建各种统计图形，而无须深入了解底层的实现细节。

（2）美观的默认样式：Seaborn内置了多种美观的样式和配色方案，使得生成的图形更具视觉吸引力。

（3）紧密集成：Seaborn与Pandas数据结构紧密集成，能够轻松地处理Pandas DataFrame中的数据。

（4）支持多种图表类型：支持绘制散点图、柱状图、箱线图、热力图、直方图、小提琴图、核密度估计图、成对图等多种类型的图表。

2. Seaborn库在旅行社销售数据中的应用

（1）客户消费分析：使用散点图或气泡图来展示客户消费与年龄、收入之间的关系。使用箱形图来比较不同年龄段或收入水平的客户消费分布。

（2）旅游产品销售趋势：绘制折线图来展示不同旅游产品（如国内游、出境游、短途游等）的销售趋势。使用热力图来显示销售数据在时间上的分布，例如一年中每个月的销售情况。

（3）旅游目的地分析：通过散点图来展示不同旅游目的地的游客数量与人均消费的关系。使用箱形图来分析不同目的地的消费水平分布，帮助决策者了解热门目的地的消费特点。

（4）促销活动效果评估：绘制直方图来展示促销前后销售数据的分布差异。使用箱形图来比较促销前后不同价格区间的销售情况，评估促销活动的效果。

（5）季节性销售分析：通过条形图或折线图来展示一年中各月份的销售数据，分析季节性变化。使用热力图来显示不同季节的销售数据分布，帮助企业调整营销策略。

（6）客户满意度分析：使用饼图或雷达图来展示不同客户满意度指标的分布情况。借助词云图（虽然Seaborn不直接提供词云图，但可以使用wordcloud库）展示客户评价中的关键词，分析客户对产品和服务的满意度及改进建议。

第二节　使用Seaborn绘制热力图和线图

使用Seaborn可以绘制散点图、柱状图、箱线图、热力图、直方图、小提琴图、核密度估计图、成对图等。在上一章使用Matplotlib绘制了折线图、柱形图、条形图、直方图、散点图、饼图。本章着重使用Seaborn库绘制与上一章不同的图表以及相同图表的不同绘制方法。

一、绘制热力图

热力图用于展示矩阵数据的分布情况，主要通过颜色的变化来表示数据的大小，使得观察者能够快速地识别数据集中的模式、趋势或异常值。

绘制热力图的语法格式：sns.heatmap()。

现有某旅游产品在四个城市（北京、上海、广州、重庆）1年内的销售数据，见表6-1所列，以此数据绘制热力图，按城市和月份展示销售数据的分布。

表6-1　某旅游产品销量表

城市	1月	2月	3月	4月	5月	6月	7月	8月	9月	10月	11月	12月
北京	1000	1200	1500	1800	2000	2500	3000	3200	2800	2500	2000	1500
上海	900	1100	1400	1700	1900	2400	2900	3100	2700	2400	2100	1600
广州	800	950	1200	1500	1700	2200	2700	2900	2600	2300	1900	1400
重庆	2100	2050	1100	1400	1600	2100	1600	800	2500	2200	1600	1800

具体代码如下。

```
import pandas as pd
import seaborn as sns
import matplotlib
import matplotlib.pyplot as plt
# 设置中文字体
matplotlib.rc('font', family='Microsoft YaHei')

# 一年内四个城市的销售数据
sales_data = {
    '北京': [1000, 1200, 1500, 1800, 2000, 2500, 3000, 3200, 2800, 2500, 2000, 1500],
    '上海': [900, 1100, 1400, 1700, 1900, 2400, 2900, 3100, 2700, 2400, 2100, 1600],
    '广州': [800, 950, 1200, 1500, 1700, 2200, 2700, 2900, 2600, 2300, 1900, 1400],
    '重庆': [2100, 2050, 1100, 1400, 1600, 2100, 1600, 800, 2500, 2200, 1600, 1800]
}
months = ['一月', '二月', '三月', '四月', '五月', '六月',
          '七月', '八月', '九月', '十月', '十一月', '十二月']
# 创建一个DataFrame
df = pd.DataFrame(sales_data, index = months)

# 绘制热力图
sns.heatmap(df)
plt.show()
```

代码运行后，绘制的热力图如图6-1所示。

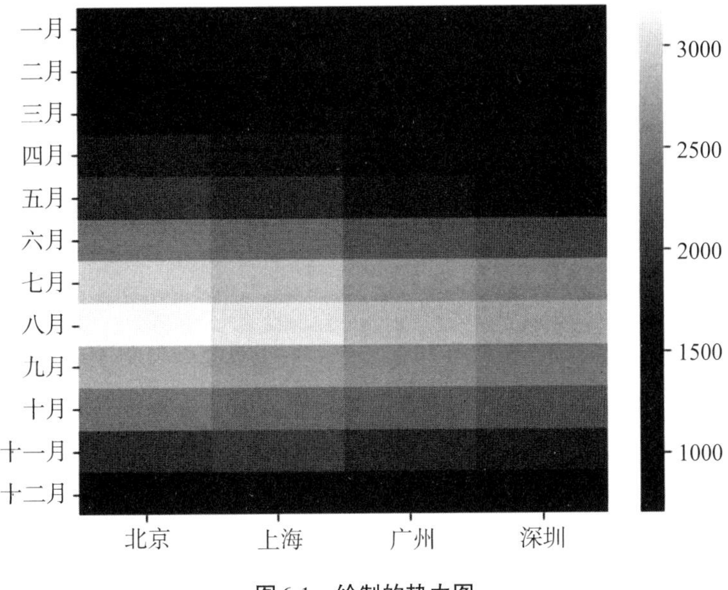

图6-1　绘制的热力图

上述代码中，绘制热力图的语句，参数仅添加了数据，其他元素均省略了，所以绘制的热力图只显示了行列标签。通常在使用时，需要在每个矩阵里显示数据、指定颜色映射类型、添加图表标题。绘制热力图代码应修改为

```
# 绘制热力图
sns.heatmap(df,annot=True, cmap='coolwarm',alpha=0.7)
plt.title('旅游产品在四个城市的销售数据热力图')
```

绘制热力图语句中，参数annot=True表示在矩阵里显示数据，cmap='coolwarm'表示颜色映射为coolwarm类型，也就是从冷色调到热色调的渐变，适合中心对称数据，alpha=0.7表示图形的透明度值为0.7。

添加了多个参数的代码运行后，绘制的热力图如图6-2所示。

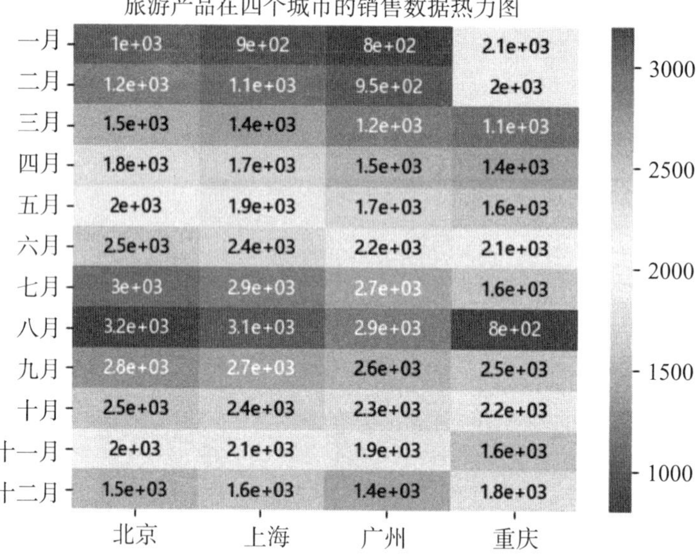

图6-2 设置格式后的热力图

二、绘制折线图

Matplotlib库和Seaborn库都能绘制折线图，在使用方法上有一些区别。Seaborn库提供了预定义的样式和调色板，使得图表更加美观和具有艺术性，同时，绘制图表的语句比较简单。

绘制折线图的语法格式：sns.lineplot()。

现使用上面绘制热力图的数据，绘制四个城市的销售数据折线图。

```
import pandas as pd
import seaborn as sns
import matplotlib
import matplotlib.pyplot as plt
# 设置中文字体
matplotlib.rc('font', family='Microsoft YaHei')
```

具体代码如下。

```
# 一年内四个城市的销售数据
sales_data = {
    '北京': [1000, 1200, 1500, 1800, 2000, 2500, 3000, 3200, 2800, 2500, 2000, 1500],
    '上海': [900, 1100, 1400, 1700, 1900, 2400, 2900, 3100, 2700, 2400, 2100, 1600],
    '广州': [800, 950, 1200, 1500, 1700, 2200, 2700, 2900, 2600, 2300, 1900, 1400],
    '重庆': [2100, 2050, 1100, 1400, 1600, 2100, 1600, 800, 2500, 2200, 1600, 1800]
}
months = ['一月', '二月', '三月', '四月', '五月', '六月',
          '七月', '八月', '九月', '十月', '十一月', '十二月']
# 创建一个DataFrame
df = pd.DataFrame(sales_data, index = months)

# 绘制折线图
sns.lineplot(data=df, markers=['o', 's', '^','o'])
plt.title('旅游产品在四个城市的销售数据折线图')
plt.show()
```

代码执行后，绘制的折线图如图6-3所示。

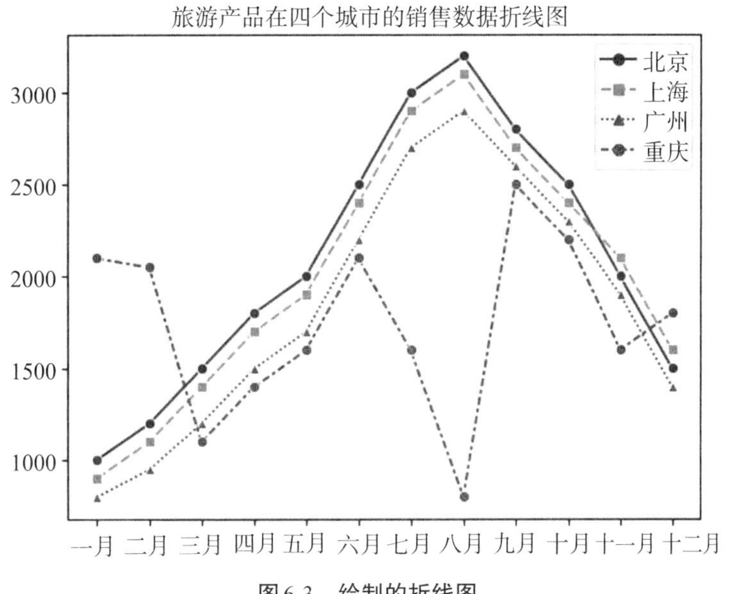

图6-3　绘制的折线图

上述代码中，sns.lineplot(data=df, markers=['o', 's', '^','o'])语句中，参数data=df表示数据使用数据框df里的数据，markers=['o', 's', '^','o']是指定折线的数据标记类型，分别为圆圈、正方形、三角形、圆圈。

上述代码绘制了四条折线，若在绘制折线图时，只需要生成北京和重庆的销售数据，则代码中数据需要特别注明，具体代码应修改为

```
import pandas as pd
import seaborn as sns
import matplotlib
import matplotlib.pyplot as plt
# 设置中文字体
matplotlib.rc('font', family='Microsoft YaHei')

# 一年内四个城市的销售数据
sales_data = {
    '北京': [1000, 1200, 1500, 1800, 2000, 2500, 3000, 3200, 2800, 2500, 2000, 1500],
    '上海': [900, 1100, 1400, 1700, 1900, 2400, 2900, 3100, 2700, 2400, 2100, 1600],
    '广州': [800, 950, 1200, 1500, 1700, 2200, 2700, 2900, 2600, 2300, 1900, 1400],
    '重庆': [2100, 2050, 1100, 1400, 1600, 2100, 1600, 800, 2500, 2200, 1600, 1800]
}
months = ['一月', '二月', '三月', '四月', '五月', '六月',
          '七月', '八月', '九月', '十月', '十一月', '十二月']
# 创建一个DataFrame
df = pd.DataFrame(sales_data, index = months)
dfs=[df['北京'],df['重庆']]
# 绘制折线图
sns.lineplot(data=dfs, markers=['o', 's'])
plt.title('旅游产品在北京和重庆的销售数据折线图')
plt.show()
```

代码执行后，绘制的关于北京和重庆的销售数据折线图如图6-4所示。

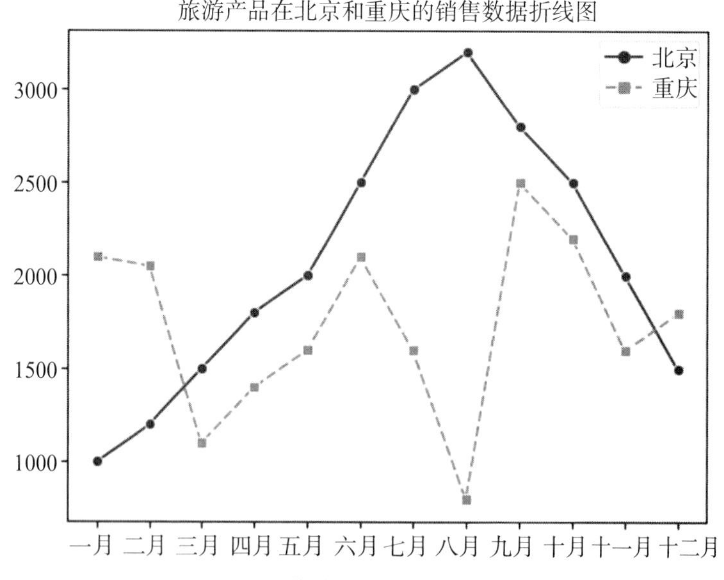

图6-4 指定数据绘制的折线图

指定只绘制北京和重庆两个城市的销售数据折线图的代码，比绘制所有数据的折线图多一条语句，即dfs=[df['北京'],df['重庆']]。在绘制折线图语句中，data=dfs，而不是直接等于原来定义的数据框df。

第三节　使用Seaborn绘制核密度图和散点图

一、绘制核密度图

核密度图是一种用于估计概率密度函数的图形，它可以展示数据的分布情况。这种图表非常适合用于展示连续数据的分布。

使用 Seaborn 绘制核密度图的语法格式：sns.kdeplot()。

某旅行社近期接待了两个旅游团，行程结束后，旅游社收集到的游客对服务的满意度评分。评分数据见表 6-2 所列。

表 6-2　游客满意度评分表

Scores1	4	4.5	4.2	3.8	4.7	4.3	3.9	4.1	5	4.6
	3.5	4.4	3.6	3.7	4.9	4.2	4.8	4.1	3.4	3.3
Scores2	4.5	4.2	4	4.7	4.9	3.8	4.6	3.7	4.3	3.7
	5.5	4.1	3.1	3.5	5	4.6	3.8	4.8	4.4	3.9

现将表 6-2 游客满意度评分数据存放在 Excel 文件中，使用 pandas 读取数据后，用 Seaborn 绘制核密度图，分析评分情况。

具体代码如下。

```
import pandas as pd
import matplotlib
import matplotlib.pyplot as plt
import seaborn as sns

# 设置中文字体
sns.set(font='Microsoft YaHei')
```

```
#读取游客满意度评分
df1 = pd.read_excel('D:\\external_data\\scores.xlsx')

# 使用 Seaborn 绘制核密度图
sns.kdeplot(df1['Scores1'])
sns.kdeplot(df1['Scores2'])

# 添加标题和轴标签
plt.title('游客满意度评分分布图')
plt.xlabel('满意度评分')
plt.ylabel('密度')

# 显示图形
plt.show()
```

代码执行后，运行结果如图6-5所示。

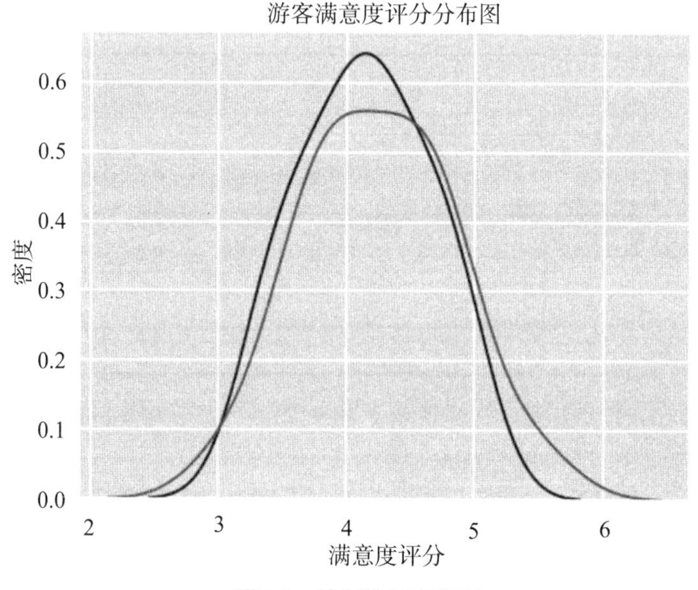

图6-5　绘制的核密度图

上述代码中，绘制核密度图语句的参数只给出了数据源，其他参数均省略了。所以生成的核密度图比较简单，现需要对此图添加阴影，指定线条颜色，并添加图例。

具体代码如下。

```
import pandas as pd
import matplotlib
import matplotlib.pyplot as plt
import seaborn as sns

# 设置中文字体
sns.set(font='Microsoft YaHei')

#读取游客满意度评分
df1 = pd.read_excel('D:\\external_data\\scores.xlsx')

# 使用 Seaborn 绘制核密度图
sns.kdeplot(df1['Scores1'],shade=True, color='green', label='旅游团1')
sns.kdeplot(df1['Scores2'],shade=True, color='blue', label='旅游团2')

# 添加标题和轴标签
plt.title('游客满意度评分分布图')
plt.xlabel('满意度评分')
plt.ylabel('密度')

# 添加图例
plt.legend()
# 显示图形
plt.show()
```

代码执行后，运行结果如图6-6所示。

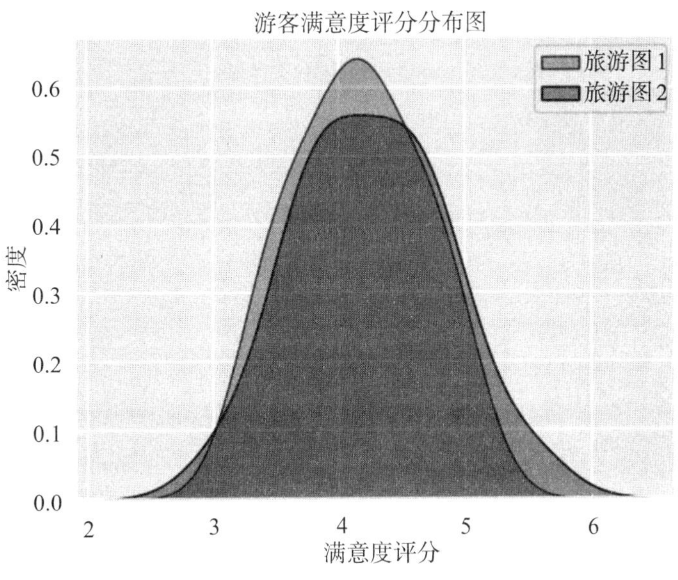

图6-6 设置格式的核密度图

设置格式的代码中，sns.kdeplot(df1['Scores1'],shade=True, color='green', label='旅游团1')语句中，参数df1['Scores1']表示使用Excel文件中Scores1列的数据，shade=True表示给图表添加阴影，color='green'表示此图形颜色为绿色，label='旅游团1'表示给此图形添加标签为“旅游团1”，添加标签是为后面在图表中显示图例做准备。plt.legend()表示添加图例。

二、绘制散点图

Seaborn的散点图主要用于分析两个变量之间的关系。通过将一个变量的值作为*X*轴，另一个变量的值作为*Y*轴，在二维平面上展示每个数据点的坐标。这种图表可以直观地展示两个变量之间的相关性、趋势和模式。

Seaborn绘制散点图的语法格式：sns.scatterplot()。

现用matplotlib绘制散点图的数据（随机生成的年龄和消费数据）来使用seaborn绘制散点图。具体代码如下。

```
import matplotlib
import matplotlib.pyplot as plt
import numpy as np
import seaborn as sns

# 设置中文字体
sns.set(font='Microsoft YaHei')

# 随机生成游客年龄与消费额数据
ages = np.random.randint(18, 80, 100)
spending = np.random.rand(100) * 1000

# 使用seaborn绘制散点图
sns.scatterplot(x=ages, y=spending,color='red',
                s=12, edgecolor='black')

# 添加标题和标签
plt.title('游客年龄与消费额散点图')
plt.xlabel('年龄')
plt.ylabel('消费额（元）')
plt.show()
```

上述代码中，绘制散点图语句sns.scatterplot(x=ages, y=spending,color='red', s=12, edgecolor='black')中，参数x=ages表示X轴使用年龄数据，y=spending表示*Y*轴使用消费数据，color='red'表示散点的颜色用红色，s=12表示散点的大小为12，edgecolor='black'表示散点的边缘颜色用黑色。

代码执行后，运行结果如图6-7所示。

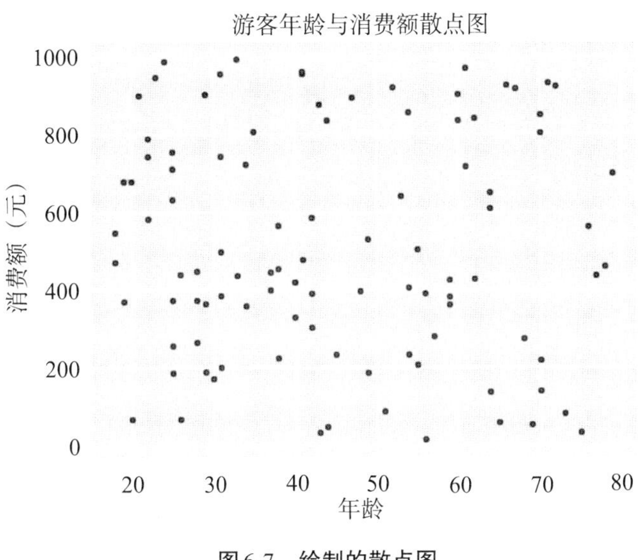

图6-7　绘制的散点图

现使用Python的Sklearn库，导入load_iris()函数，用于加载鸢尾花数据集。这个数据集是一个经典的多变量数据集，包含150个样本，每个样本有四个特征：花萼长度、花萼宽度、花瓣长度和花瓣宽度。这些特征用于预测鸢尾花的种类，种类分别为山鸢尾（Iris setosa）、变色鸢尾（Iris versicolor）和维吉尼亚鸢尾（Iris virginica）。现以鸢尾花数据集创建一个散点图，其中数据点的大小和颜色是根据花萼长度、花萼宽度和花瓣宽度来决定的。通过这个散点图，我们观察不同特征之间的关系，以及它们如何影响鸢尾花的种类。

具体代码如下。

```
import seaborn as sns
import matplotlib.pyplot as plt
from sklearn.datasets import load_iris

# 加载iris数据集
iris = load_iris()

# 获取特征数据
features = iris.data.T

# 使用seaborn绘制散点图
sns.scatterplot(x=features[0], y=features[1], hue=iris.target,
                palette='viridis', s=100*features[3], alpha=0.2)

# 设置标题和标签
plt.title('Iris Dataset: Sepal Length vs Sepal Width')
plt.xlabel(iris.feature_names[0])
plt.ylabel(iris.feature_names[1])

# 显示图形
plt.show()
```

代码执行后，运行结果如图6-8所示。

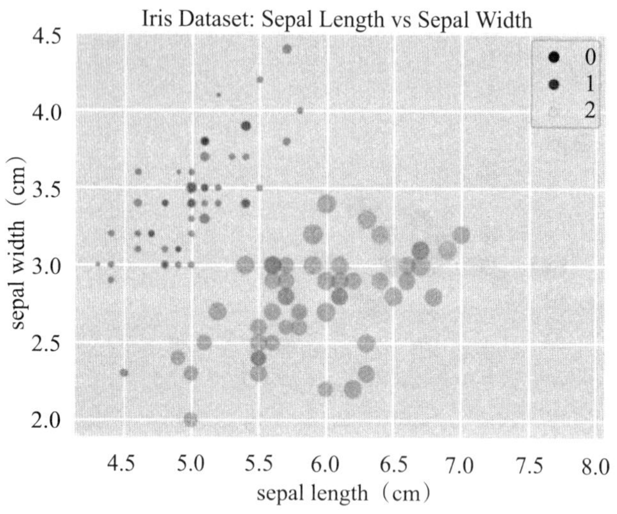

图6-8 加载数据集绘制的散点图

上述代码中，from sklearn.datasets import load_iris表示从Sklearn库中加载load_iris()函数，即加载鸢尾花数据集； features = iris.data.T，即将iris.data转置；sns.scatterplot (x=features[0], y=features[1], hue=iris.target, palette='viridis', s=100*features[3], alpha=0.2)，参数中，x=features[0]，y=features[1]，表示指定散点图的X轴和Y轴的数据，即为花萼长度和花萼宽度；hue=iris.target表示指定散点图的分类变量，用于为不同类别的数据点着色，来自iris.target数组，此数组包含了鸢尾花的种类标签（0代表山鸢尾，1代表变色鸢尾，2代表维吉尼亚鸢尾）。palette='viridis'，指定用于颜色映射的调色板，'viridis'是一个预定义的颜色映射，它将类别标签映射到不同的颜色。s=100*features[3]，指定数据点的大小，将数据点的大小设置为花瓣宽度（features[3]）的100倍。

三、保存图片

使用Matplotlib绘制的图形和使用Seaborn绘制的图形，根据实际需要，可以将绘制的图形保存在指定的路径下，保存图片的语法格式为：plt.savefig() 。

如将上面绘制的散点图保存在D:\external_data文件夹下，图片名为：scatter.png。具体代码为

```
# 保存图形
plt.savefig('D:\\external_data\\scatter.png')
```

如果在执行代码时，既需要保存图片，也需要显示绘制的图形，那么一定要先写保存图片的语句，再写显示图形的语句，若顺序反了，则保存的图片是空白的，代码也不会提示错误。

第七章 使用WordCloud和jieba可视化旅游业务数据

第一节　初识Wordcloud和jieba

一、什么是WordCloud

WordCloud，中文常译为“词云”或“文字云”，是一种通过视觉方式展示文本数据中词语频率的技术。也就是说，词云（WordCloud）是一种数据可视化技术，它根据文本中单词的频率或权重来生成视觉上吸引人的词云图。在词云图中，单词的大小和颜色通常与其在文本中出现的频率相关，频率越高的单词显示得越大、越醒目。这种图表可以帮助我们快速洞察一个文本中的重要主题、关键词和热门内容，广泛应用于文本挖掘、舆情分析、数据可视化和信息概览等领域。

在Python中，WordCloud库通常用来创建和生成词云图。WordCloud是一款轻量级的Python词云生成库，依赖的第三方库主要有NumPy、PIL（Pillow）和Matplotlib。它默认支持自动生成英文词云，如果使用中文词云，则需要使用中文分词器（比如jieba）和中文字体。WordCloud库的基本使用方法包括将词云作为一个WordCloud对象、配置参数、加载文本、输出文件等步骤。

总之，WordCloud是一种强大的数据可视化工具，它利用视觉元素（如字体大小和颜色）来展示文本数据中词语的频率分布，从而帮助人们快速理解文本的主题和重点。

二、什么是jieba

jieba是一种流行的中文分词工具，主要用于Python编程。它的名字来源于中文“结巴”，寓意着将不连贯的文本（如同说话结巴一样）分割成流畅的词语。

jieba支持以下三种分词模式。

（1）精确模式。试图将句子最精确地分割开，适用于文本分析。该模式下，jieba会利用一个已经训练好的词典来寻找最优的词切分组合。

（2）全模式。把句子中所有可以成词的词语都扫描出来，速度非常快，但是不能保证分词的精确性。该模式下，jieba会尽可能多地识别出句子中的所有词语，包括可能并不构成完整语义的片段。

（3）搜索引擎模式。在精确模式的基础上，对长词进行再次切分，以提供更适合用于搜索引擎构建索引的分词结果。

同理，jieba支持自定义词典，用户可以添加自己的词汇到jieba的词典中，以便更好地处理特定领域的文本。jieba基于Trie树结构，使用Trie树来实现高效的词频统计和前缀匹配；使用概率图模型，基于HMM（隐马尔可夫模型）实现新词识别和分词。

总之，jieba分词是中文自然语言处理中非常基础且重要的一个环节，广泛应用于文本挖掘、信息检索、中文信息处理等领域。由于jieba的分词结果是基于词频和概率图模型的，因此它在处理中文文本时相对准确和高效。

三、WordCloud在旅游行业的应用

WordCloud在旅游行业的应用主要集中在以下五个方面。

（一）旅游目的地推广

（1）主题提炼。通过搜集大量关于某个旅游目的地的文本数据（如游记、评论、社交媒体帖子等），利用词云技术可以快速提炼出该目的地的关键词，如“海滩”“美食”“古迹”等，从而帮助旅游机构或营销人员了解该目的地的核心吸引力和游客关注点。

（2）视觉营销。将提炼出的关键词以词云的形式展示，可以制作出吸引人的视觉营销材料，如海报、宣传册等，用于线上线下推广，提高目的地的知名度和吸引力。

（二）旅游产品分析

（1）客户需求洞察。通过分析游客对旅游产品的评论和反馈，利用词云技术可以直观地展示游客对产品的满意度、关注点以及改进建议。例如，如果“服务”和“价格”两个词在词云中较为突出，可能意味着游客对服务质量和价格较为敏感，需要在这两个方面进行优化。

（2）产品优化。基于词云分析的结果，旅游企业可以有针对性地调整产品策略，优化产品设计和服务流程，以满足游客的需求和期望。

（三）旅游趋势预测

（1）热点追踪。通过监测社交媒体、旅游论坛等渠道中的旅游相关话题和讨论，利用词云技术可以及时发现旅游市场的热点和趋势。例如，某个新兴旅游目的地的名字在词云中频繁出现，可能意味着该目的地即将成为热门旅游地。

（2）市场策略调整。根据旅游趋势的预测结果，旅游企业可以灵活调整市场策略，抓住市场机遇，推出符合游客需求的旅游产品和服务。

（四）旅游评价分析

（1）情感分析。结合自然语言处理技术，词云还可以用于分析游客对旅游产品或服务的情感态度。通过颜色、大小等视觉元素的变化，可以直观地展示游客的正面、负面或中性评价。

（2）反馈细节挖掘。基于情感分析的结果，旅游企业可以了解游客的满意度和不满点，从而提出具体的改进建议，提升游客的满意度和忠诚度。

（五）定制化旅游体验

（1）个性化推荐。通过分析游客的搜索历史、浏览记录等数据，利用词云技术可以挖掘出游客的兴趣偏好和旅行需求。旅游企业可以根据这些信息为游客提供个性化的旅游推荐和定制化的旅游体验。

（2）增强互动。在旅游过程中，词云还可以用于增强游客与旅游产品的互动体验。例如，在景区内设置互动装置或APP功能，让游客通过拍照、留言等方式参与词云的生成和展示，增加游客的参与感和归属感。

综上所述，WordCloud在旅游行业的应用涵盖了旅游目的地推广、旅游产品分析、旅游趋势预测、旅游评价分析以及定制化旅游体验等多个方面。通过利用词云技术，旅游企业可以更好地了解市场需求和游客需求，优化产品和服务策略，提升市场竞争力。

第二节　使用WordCloud绘制词云图

WordCloud库是一个用于生成词云的Python库，它提供了一些基本的方法来创建和定制词云。

一、WordCloud库的常规方法

（一）WordCloud()

WordCloud()是创建词云对象的基本方法，可以通过这个方法来初始化一个WordCloud对象，并设置一些基本参数。

如创建一个WordCloud对象，命名为w1，具体代码如下。

```
#从 wordcloud库中导入 WordCloud 类
from wordcloud import WordCloud

#创建WordCloud()对象w1
w1 = WordCloud()
```

上述代码中，第一行代码from wordcloud import WordCloud，是从wordcloud库中导入WordCloud类，只要代码中涉及WordCloud对象，就必须有这条语句。第二行代码w1 = WordCloud()，即初始化一个WordCloud对象，该处参数为空。实际使用中，WordCloud()参数有很多，具体见表7-1所列，可以根据需要选择添加相应的参数。

表7-1 WordCloud()常用参数

width	设置词云图的宽度，默认为400
height	设置词云图的高度，默认为200
background_color	设置词云图的背景颜色，默认为“black”
mask	一个遮罩图像，词云将根据这个图像的形状生成
min_font_size	设置词云图中最小的字体大小
max_font_size	设置词云图中最大的字体大小
font_step	设置词云图中字体大小的步长
font_path	设置字体文件的路径，用于显示中文时需要指定中文字体
max_words	设置词云图中显示的最大单词数量
stopwords	设置一个停用词列表，这些词不会被显示在词云中
prefer_horizontal	设置单词水平排列的偏好程度，范围从0到1

（二）generate（text）

generate（text）方法用于从给定的文本中生成词云。此方法中参数text为用户给定的文本。

现给定文本“Python and Excel，WordCloud and jieba”，在代码中的使用方式如下：

```
# 给定文本“Python and Excel,WordCloud and jieba”生成词云
w1.generate("Python and Excel,WordCloud and jieba")
```

（三）to_file（filename）

to_file（filename）方法用于将生成的词云保存为图片文件，此方法中参数filename

为用户给定保存的路径及文件名。

现将generate（“Python and Excel，WordCloud and jieba”）生成的词云保存为图片，保存的路径及文件名为D：\external_data\pywordcloud-1.png。

具体代码为

```
w1.to_file("d:/external_data/pywordcloud-1.png")
```

代码运行后，可以在D：\external_data文件夹中看到图片pywordcloud-1.png，如图7-1所示。

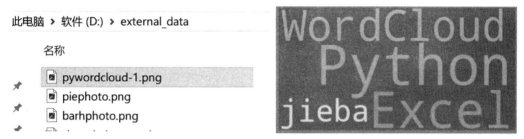

图7-1　保存的图片位置及图片内容

（四）generate_from_frequencies（frequencies）

在已经有了单词的频率数据的前提下，可以使用generate_from_frequencies（frequencies）这个方法来生成词云。

假设给定的文本统计出Python出现的频率为8次，WordCloud出现的频率为5次，那么具体代码为

```
word_freq = {"Python": 8, "WordCloud": 5}
w1.generate_from_frequencies(word_freq)
```

同样，fit_words（words）方法也用于根据单词的频率来生成词云。根据上述词频，使用该方法的具体代码为

```
word_freq = {"Python": 8, "WordCloud": 5}
w1.fit_words(word_freq)
```

二、使用WordCloud生成词云图的步骤

（1）导入相应的库。导入WordCloud库以及其他需要的库，如matplotlib和jieba。

（2）创建WordCloud对象，并设置相关参数，如字体路径（针对中文文本）、背景颜色、最大显示的单词数、最大字号等。

（3）生成词云。可以调用WordCloud对象的generate()方法或使用词频字典generate_from_frequencies()方法来生成词云图。

（4）显示词云图。使用Matplotlib的imshow()函数显示词云图，并关闭坐标轴。

（5）保存词云图。如果需要将生成的词云图保存为图片文件，可以使用WordCloud对象的to_file()方法。

根据使用WordCloud生成词云图的步骤，以文本“Python and Excel，WordCloud and jieba”生成词云图，要求生成的词云图背景为lightblue，宽度为600，高度为400，最大字体尺寸为100。显示词云图，并将其保存在D：\external_data文件夹中，图片命名为pywordcloud-2.png。

具体代码为

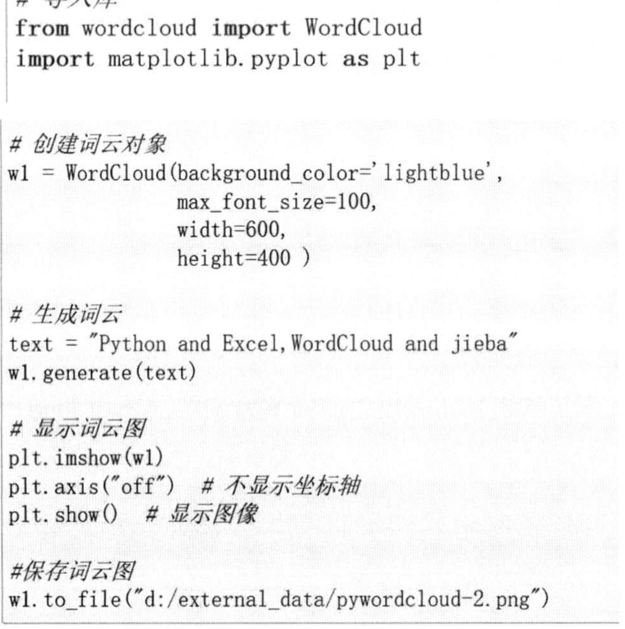

```
# 导入库
from wordcloud import WordCloud
import matplotlib.pyplot as plt

# 创建词云对象
w1 = WordCloud(background_color='lightblue',
               max_font_size=100,
               width=600,
               height=400 )

# 生成词云
text = "Python and Excel,WordCloud and jieba"
w1.generate(text)

# 显示词云图
plt.imshow(w1)
plt.axis("off")  # 不显示坐标轴
plt.show()  # 显示图像

#保存词云图
w1.to_file("d:/external_data/pywordcloud-2.png")
```

代码运行后，保存的图片位置及显示的图片结果如图7-2所示。

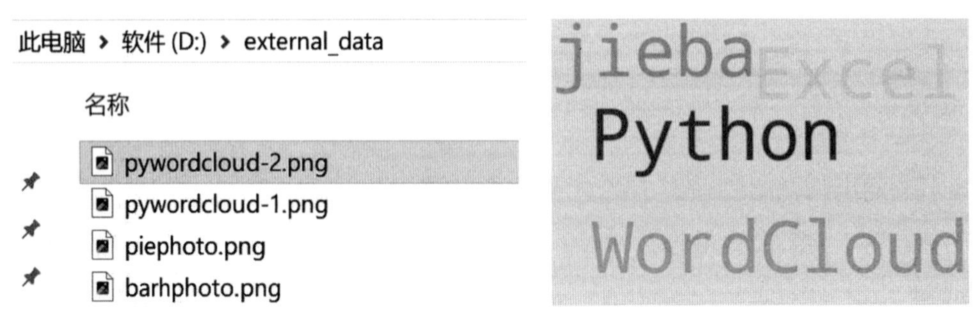

图7-2　保存的图片位置及显示的图片结果

上述代码中，生成词云图是调用WordCloud对象的generate()方法实现的，下面使用词频字典generate_from_frequencies()方法来生成词云图，文本及词频为：'Python'：100，'Excel'：80，'WordCloud '：60，'jieba '：40，最后将生成的图片保存并命名为pywordcloud-3.png。

那么具体代码为

```
# 导入库
from wordcloud import WordCloud
import matplotlib.pyplot as plt

# 创建词云对象
w1 = WordCloud(background_color='lightblue',
               max_font_size=100,
               width=600,
               height=400 )

# 生成词云
frequencies = {'Python': 100, 'Excel': 80,
               'WordCloud ': 60,'jieba ': 40}
w1.generate_from_frequencies(frequencies)

# 显示词云图
plt.imshow(w1,interpolation='bilinear')
plt.axis("off")  # 不显示坐标轴
plt.show()  # 显示图像

#保存词云图
w1.to_file("d:/external_data/pywordcloud-3.png")
```

代码运行后，保存的图片位置及显示的图片结果如图7-3所示。

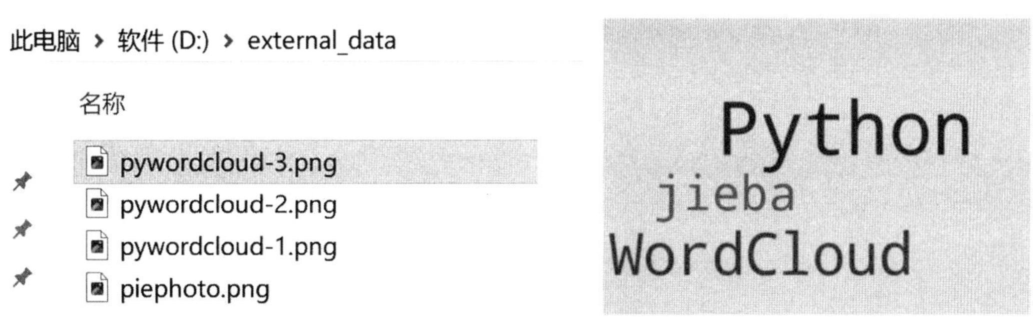

图7-3 保存的图片位置及显示的图片结果

在生成词云图时，可以按照一张图片的形状来绘制词云，这样只需要在WordCloud对象的参数中添加mask，但是需要另外导入两个库：一个是Pillow库（PIL的一个分支），使用PIL库的Image模块加载图片文件；另一个是NumPy库，需要使用NumPy库的array函数将其转换为NumPy数组，这是因为WordCloud的mask参数需要NumPy数组格式的图像。在创建WordCloud对象时，将这个数组作为mask参数传递。这样，生成的词云就会按照遮罩图像的形状来排列文字。

现使用D：\external_data文件夹中的图片pymask.jpg作为遮罩图，生成一词云图，文本及词频为"'Python'：200，'Excel'：150，'Java'：50，'Anaconda'：180，'WordCloud'：60，'jieba'：40"，最后将显示图片并将生成的图片保存，命名为pywordcloud-4.png。

具体代码如下。

```
#导入相关库
from wordcloud import WordCloud
import matplotlib.pyplot as plt
from PIL import Image
import numpy as np

# 加载遮罩图像
ra1 = Image.open('D:/external_data/pymask.jpg')
mask_image = np.array(ra1)

# 创建词云对象，并添加mask参数
w1 = WordCloud(background_color='lightblue',
               max_font_size=100,
               width=600,
               height=400,
               mask=mask_image)  # 使用遮罩图片

# 生成词云
frequencies = {'Python': 200, 'Excel': 150,
               'Java': 50,'Anaconda': 180,
               'WordCloud': 60, 'jieba': 40}
w1.generate_from_frequencies(frequencies)

# 显示词云图
plt.imshow(w1, interpolation='bilinear')
plt.axis("off")  # 不显示坐标轴
plt.show()  # 显示图像

#保存词云图
w1.to_file("d:/external_data/pywordcloud-4.png")
```

上述代码中，ra1 = Image.open（'D：/external_data/pymask.jpg'）表示使用PIL库中的Image模块读取图片pymask.jpg，将读取到的图片赋值给ra1，mask_image = np.array（ra1）表示使用numpy库的array函数将图片转换为数组，并将数组赋值给mask_image，最后在WordCloud()参数中增加mask，将mask_image数组作为mask参数传递。这样生成的词云图就按照图片pymask.jpg中的图像形状显示词云。

代码运行后，显示的结果如图7-4所示。

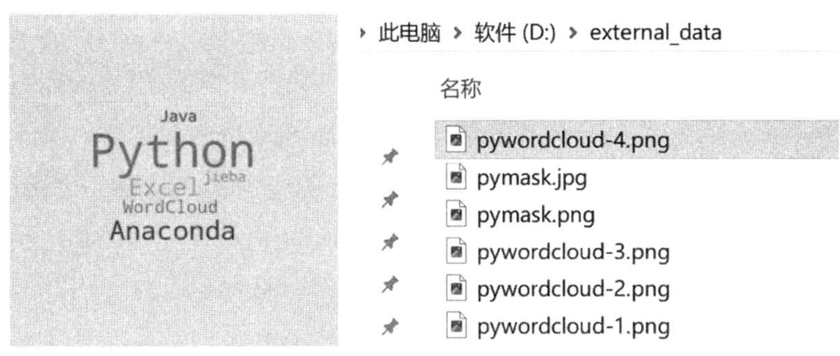

图7-4　生成的词云图结果及保存的图片位置

三、使用WordCloud生成含中文的词云图

前面已经详细描述了使用WordCloud生成词云的步骤，并通过代码实际生成了词云图，但是细心观察会发现，前面使用的文本均为英文，没有涉及中文，我们在实际应用中，大多数情况下都需要用到中文，那么在处理中文时，就需要添加处理中文的库及生成词云时添加指定中文字体的参数。如果不添加这些代码，运行代码也不会报错，只是在显示图表时里面的中文无法正确显示。

添加Matplotlib库及设置中文字体显示的代码如下。

```
import matplotlib
#中文字体显示
matplotlib.rc('font', family='Microsoft YaHei')
```

现需要根据上海市一些景点数据生成词云图，原始的部分数据如图7-5所示。

```
景点名称,攻略提到的数量,点评数,星级
上海野生动物园Shanghai Wild Animal Park,14,23130,94%
黄浦滨江Huangpu Binjiang,0,50,92%
淮海公园Huaihai Park,2,227,90%
人民公园Shanghai People's Park,11,661,92%
上海迪士尼度假区Shanghai Disney Resort,151,33362,94%
外滩The Bund,492,48701,96%
武康路Wukang Road,33,432,94%
东方明珠Oriental Pearl Radio & Television Tower,229,47217,94%
城隍庙旅游区Shanghai City God Temple Tourist Area,30,5643,94%
豫园Yu Garden,181,10350,94%
静安寺Jing'an Temple,34,884,92%
外白渡桥Garden Bridge,74,1312,94%
田子坊Tianzifang,216,3395,88%
上海博物馆Shanghai Museum,59,2390,94%
上海自然博物馆Shanghai Natural History Museum,18,2154,96%
上海海昌海洋公园Shanghai Haichang Ocean Park,0,1939,92%
```

图7-5　上海市部分景点数据

上述数据一共包含4列，即景点名称、攻略提到的数量、点评数、星级。生成词云采用词频字典的方式，这里使用景点名称和点评数，对应字典时，把景点名称作为键，点评数为值。上述景点数据保存在D盘external_data文件夹里的文件scenic_shanghai.csv中。最后需要显示词云图并保存词云图至D盘external_data文件夹，命名为pywordcloud-5.png。因为景点名称里包含中文，所以在代码中需要包含处理中文的语句。

具体代码如下。

```
#导入相关库
import matplotlib
from wordcloud import WordCloud
from matplotlib import pyplot as plt
import pandas as pd

#中文字体显示
matplotlib.rc('font', family='Microsoft YaHei')

#读取景点旅游数据文件
w2=pd.read_csv("D:\\external_data\\scenic_shanghai.csv")

#初始化字典frequency
frequency={}

#跳过第1行列标题，将景点名称与点评数数据存入字典frequency
for row in w2.values:
  if row[0]=='景点名称':
    continue
  else:
    frequency[row[0]]=row[2]

#生成词云
wordcloud=WordCloud(font_path='C:/Windows/Fonts/simkai.ttf',
                    background_color='white',
                    width=1400,height=1200)
wdc=wordcloud.generate_from_frequencies(frequency)

#词云图标题
plt.title('上海市旅游景点排名词云图')

# 显示词云图
plt.imshow(wdc)
plt.show()

#保存词云图
wdc.to_file("d:/external_data/pywordcloud-5.png")
```

代码中，语句块如下。

```
for row in w2.values:
  if row[0]=='景点名称':
    continue
  else:
    frequency[row[0]]=row[2]
```

在循环中，row 变量依次被赋值为 w2.values 数组中的每一行。因此，row 是一个包含该行所有值的数组（或列表），其长度等于DataFrame的列数。

条件判断语句 if row[0]=='景点名称'：这行代码检查当前行的第一个元素（即DataFrame的第一列）是否等于字符串 '景点名称'。这用于跳过表头行，因为文件中表头行表示的是列名而不是实际的数据。若表达式成立，则跳过表头。若不成立，则执行语句 frequency[row[0]]=row[2]。

frequency[row[0]]=row[2]：如果当前行不是表头行，这行代码将执行。这里，row[0] 访问当前行的第一个元素（即景点的名称），而 row[2] 访问当前行的第三个元素（即点评数）。然后，这行代码将景点的名称作为键，将对应的点评数作为值，存储到 frequency 字典中。

生成词云语句中，WordCloud的参数 font_path='C：/Windows/Fonts/simkai.ttf'，用来指定 WordCloud 生成词云图时所使用的中文字体文件路径。

代码执行后，运行结果如图7-6所示。

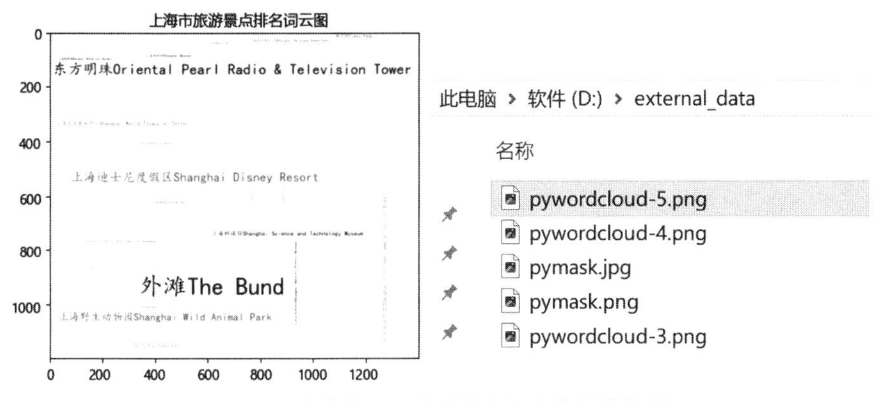

图7-6 生成的词云图结果及保存的图片位置

第三节 使用WordCloud和jieba生成词云图

对中文自然语言进行文本预处理，通常是使用jieba进行。jieba是一个强大的中文分词库，支持三种分词模式：精确模式、全模式和搜索引擎模式。文本预处理通常包括分词、去除停用词、词干提取、词性标注等步骤。下面，将详细解释如何使用jieba进行基本的文本预处理。

一、使用jieba库进行文本预处理

现根据文本预处理常用步骤——文本分词、去除停用词、词干提取、词性标注，逐一描述每一个步骤的实际应用方法。

（一）文本分词

使用jieba进行文本分词有三种模式，下面分别描述。

精确模式的语法格式：jieba.cut（text， cut_all=False）。

全模式的语法格式：jieba.cut（text， cut_all=True）。

搜索引擎模式的语法格式：jieba.cut_for_search（text）。

三种语句的参数中，text均代表需要进行分词的文本。

现以文本“对比Excel，Python在旅游大数据分析中的应用与实践”为例，使用文本分词的三种模式进行分词，观察其结果。每个分词之间用“/”隔开。

具体代码如下。

```
#导入jieba库
import jieba

#需进行分词的文本
text = "对比Excel，Python在旅游大数据分析中的应用与实践"

# 精确模式
print("精确模式：")
seg_list = jieba.cut(text, cut_all=False)
print('/'.join(seg_list))

# 全模式
print("\n全模式：")
seg_list = jieba.cut(text, cut_all=True)
print('/'.join(seg_list))
```

```
# 搜索引擎模式
print("\n搜索引擎模式：")
seg_list = jieba.cut_for_search(text)
print('/'.join(seg_list))
```

代码执行后，运行结果如图7-7所示。

```
精确模式：
对比/Excel/，/Python/在/旅游/大/数据分析/中/的/应用/与/实践

全模式：
对比/Excel/，/Python/在/旅游/大数/数据/数据分析/分析/中/的/应用/与/实践

搜索引擎模式：
对比/Excel/，/Python/在/旅游/大/数据/分析/数据分析/中/的/应用/与/实践
```

图7-7 采用三种分词模式的运行结果

从结果可以看出，三种分词模式的结果均有所不同：精确模式进行分词的结果比较简洁，没有根据语义添加文字；全模式在分词时，会根据语义添加文字以形成更多的词语，如原始文本中“大数据分析”五个字会分为“大数、数据、数据分析、分析”四个词语；而搜索引擎模式，则在精确模式的基础上对比较长一点的词语再次进行分隔，如精确模式结果中“数据分析”一词，被分隔为“数据、分析、数据分析”三个词。三种分词模式都有其适用的场景，实际应用时可以根据具体需求选择合适的分词模式。

（二）去除停用词

停用词（Stop Words）是指在文本中频繁出现，但对于文本主题或情感分析没有实际帮助的词语，如“的”“了”“在”等。去除停用词可以简化文本，提高处理效率。

针对文本“对比Excel，Python在旅游大数据分析中的应用与实践”，采用精确模式进行分词，然后将文本里的“的”“了”“在”“中”“与”“大”“，”设置为停用词，现编写代码实现去除停用词的功能。

具体代码如下。

```
#导入jieba库
import jieba

#需进行分词的文本
text = "对比Excel，Python在旅游大数据分析中的应用与实践"
```

```
# 精确模式
print("精确模式：")
seg_list = list(jieba.cut(text, cut_all=False))
print('/'.join(seg_list))

# 设置包括停用词的列表
stopwords = set(["的", "了", "在", "中","与","大",","])

# 初始化一个空列表来存储筛选后的单词
filtered_words = []

# 去除停用词
for word in seg_list:
    if word not in stopwords:
        filtered_words.append(word)

print("\n去除停用词后: " + "/ ".join(filtered_words))
```

代码执行后，运行结果为如图7-8所示。

```
精确模式：
对比/Excel/，/Python/在/旅游/大/数据分析/中/的/应用/与/实践

去除停用词后: 对比/ Excel/ Python/ 旅游/ 数据分析/ 应用/ 实践
```

图7-8　去除停用词的结果

代码中，语句seg_list = list（jieba.cut（text， cut_all=False）），首先将使用jieba库的精确模式进行分词，这时返回的是一个生成器，然后将该生成器转换成列表，再赋值给seg_list。而在前面文本分词段落中描述三种分词模式时，是直接将jieba库的分词结果赋值给seg_list，因为这时seg_list是一个生成器（generator)，它在第一次迭代后就被消耗掉了。因此，在实现去除停用词功能代码中，如果不将seg_list转换成列表，直接使用代码seg_list = jieba.cut（text， cut_all=False)，当再次迭代seg_list（在去除停用词的循环中）时，它已经是空的，会导致filtered_words为空列表，所以当需要再次迭代seg_list时，一定将其转换为列表，这样，就不会丢失任何数据。

（三）词干提取

词干提取是自然语言处理领域的一项关键技术，旨在简化词汇，将其转化为基础形态或根词。这一过程涉及移除单词的附加部分，如前缀、后缀或变形词尾，以提取出能代表多个相关词汇的核心词根。通过降低文本中的词汇异质性，词干提取提高了文本分析的效率，减少了所需处理的词汇种类。此技术大多采用启发式方法，依照特定规则对词汇进行裁剪。知名的词干提取算法有Porter算法和词形还原等。这个过程通常用于英

文等具有丰富词形变化的语言，以便简化文本分析。

以英文为例，词干提取器可能会将“fishing”“fished”“fish”和“fisher”都简化为同一个词干“fish”。然而，需要注意的是，这种简化并不总是能准确地反映单词的原始意义或词性。

相对于中文来说，去除停用词实现的功能更接近于词干提取。如对文本“天生三桥啦、仙女山啊、芙蓉洞了、都在重庆。”，采用去除停用词的方法可以得到更为简洁的文字，以实现词干提取的效果，实现的具体代码如下。

```
import jieba

# 词干提取文本
text = "桃花源啦、仙女山啊、芙蓉洞了、都在重庆。"

# 分词
words = jieba.cut(text)

# 设置停用词列表
stop_words = set(["啦", "啊", "在", "了", "。", "、","都"])

# 去除停用词，实现类似词干提取的效果
filtered_words = [word for word in words if word not in stop_words]

# 输出处理后的结果
print(filtered_words)
```

代码执行后，运行结果为图7-9所示。

```
['桃花源', '仙女山', '芙蓉洞', '重庆']
```

图7-9 实现词干提取结果

上述代码使用去除停用词功能来简化文本，从而得到了一些更为简洁的词语列表，这可以看作一种简单的词干提取过程。

需要注意的是，jieba和其他中文分词工具通常不提供专门的词干提取功能，因为中文词语的构成和使用与英文等语言有着本质的不同。中文NLP中的“词干提取”更多的是指通过分词、去除停用词和词义消歧等手段来提取文本的核心内容。

（四）词性标注

jieba除了分词功能外，还提供了词性标注（POS Tagging）的功能，这是一个在自然语言处理中非常有用的特性，因为它能够帮助我们理解文本中每个词的语法功能和语义类别。

jieba的词性标注基于内置的词典，主要使用分词的结果来为每个词标注一个词性标签。这些标签代表了词语在句子中的语法功能，如名词、动词、形容词等。jieba使用预先训练好的模型，根据词语的上下文自动进行词性标注，为用户提供更丰富的文本分析信息。

jieba的词性标注方法很简单，使用jieba.posseg模块来进行词性标注。所以在使用词性标注前一定要先导入jieba.posseg模块。

如对文本“我喜欢天门山景区”进行词性标注，具体代码如下。

```
#导入jieba和jieba.posseg
import jieba
import jieba.posseg as pseg

# 词性标注文本
text = "我喜欢天门山景区"

# 使用jieba进行词性标注
words = pseg.cut(text)

# 输出每个词语及其词性标注
for word, flag in words:
    print(f"{word}/{flag}")
```

代码执行后，运行结果如图7-10所示。

```
我/r
喜欢/v
天门山/ns
景区/n
```

图7-10　词性标注结果

代码中，words = pseg.cut(text)语句中，pseg.cut方法会对文本进行分词和词性标注，返回一个生成器，迭代这个生成器可以得到每个词语及其对应的词性标签。因为这里需要进行词性标注，所以不能使用代码words = jieba.cut（text，cut_all= false），该语句只进行文本分词，不能进行词性标注。

运行结果中，r代表代词，v代表动词，ns代表地名，n代表名词。这些字母表示的词性和表示英语单词词性所用的字母基本一致。

二、使用WordCloud和jieba实现旅游文本处理

前面一一介绍了文本预处理的过程，现以文本“重庆的景点有许多了，比如大足石刻啊、天生三桥啦、仙女山啊、芙蓉洞了、桃花源呢、黑山谷啊、金佛山、四面山、濯水景区啊、武陵山大裂谷了、阿依河了等等。”为例，该文本以文本文档chongq_text.txt命名已存在D盘的external_data文件夹中，只需要读取该文件即可。

编写代码实现以下功能：从chongq_text.txt中读取文本，去除停用词，停用词在代码中直接设置，使用精确模式进行文本分词，使用jieba.posseg实现对原始文本进行词

性标注并打印结果，最后生成词云图并显示，将词云保存在D盘的external_data文件夹中，命名为pywordcloud-6.png。

具体代码如下。

```
#导入相关库
import jieba
import jieba.posseg as pseg
from wordcloud import WordCloud
import matplotlib.pyplot as plt

# 读取文本
f = open('D:\\external_data\\chongq_text.txt', encoding='utf-8')
text_data = f.read()
# 自定义停用词列表
stopwords = set(["的", "了", "啊", "啦", "呢", "比如", "许多",
                 "、", "，", "。", "、"])

# 使用精确模式进行分词
seg_list = jieba.cut(text_data, cut_all=False)

# 去除停用词，忽略单字（通常是停用词）
filtered_words = [word for word in seg_list
                  if word not in stopwords and len(word) > 1]

# 词性标注
words_with_pos = list(pseg.cut(text_data))
print("词性标注结果:")
for word, flag in words_with_pos:
    print(f'{word}/{flag}', end=' ')

#生成词云图
wdc2 = WordCloud(font_path='C:/Windows/Fonts/simkai.ttf',
                     background_color='white',
                     width=800,
                     height=400)
wdc2.generate(" ".join(filtered_words))

# 显示词云图
plt.figure(figsize=(10, 5))
plt.imshow(wdc2, interpolation='bilinear')
plt.axis('off')  # 不显示坐标轴
plt.show()

#保存词云图
wdc2.to_file("D:/external_data/pywordcloud-6.png")
```

代码执行后，运行结果如图7-11所示。

```
词性标注结果:
重庆/ns 的/uj 景点/n 有/v 许多/m 了/ul ，/x 比如/v 大足/d 石刻/n 啊/zg 、/x 天生/n 三桥/ns 啦/y 、/x 仙女山/ns 啊/zg 、/x 芙蓉洞/ns 了/ul
、/x 桃花源/n 呢/y 、/x 黑/a 山谷/n 啊/zg 、/x 金佛山/nr 、/x 四面山/ns 、/x 濯/vg 水/n 景区/n 啊/zg 、/x 武陵山/ns 大/a 裂谷/n 了/ul 、/
x 阿依河/nr 了/ul 等等/u 。/x
```

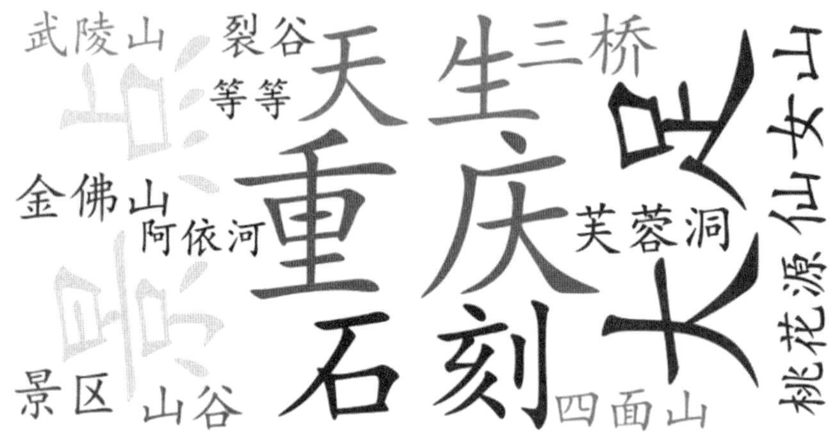

图7-11 使用jieba和WordCloud实现旅游文本处理的结果

代码中，词性标注段主要实现的是对原始文本进行词性标注，在实际应用中没有太大的意义。这里主要是打印出来看结果。

三、使用WordCloud和jieba完成旅游评论数据处理

随时经济的发展，人们的生活水平越来越高，也越来越注重生活质量，每年节假日都会选择出门旅游，不管是周边游还是去各大城市的知名景区游玩，在出门前都会通过互联网搜索相关信息，制定旅游攻略，在这个过程中，网络上关于目的地的评论就特别重要，比如订酒店、选择景区都会首先关注网络上关于此酒店或此景区的相关评论，特别是某些订过该酒店或去过该景区的人的评论。

现以某网上公开的对某景区跟团订单的评价为例，共收集50条评价，以Excel文件保存在D盘的external_data文件中，文件名为pinglun.xlsx。部分评论如7-12所示。

	A
1	评论
2	服务周到，讲解很好！值得推荐！！！
3	感谢带领我们游玩***景区！我们带一个小孩本觉得会多费心的，不想全程欢声笑语。旅游服务感非常不错！唯一遗憾的就是
4	这个绝对要给5星。首先是景点很漂亮。作为一个30岁走遍半个地球的我来说居然一直没有去过***。不得不承认这次***之行
5	必须点赞，行程很充实，路线安排也特别好，旅行社安排的导游人特别好，嗓子虽然哑了，但是还是依然坚持讲完所有东西
6	导游富有激情，不拘泥于传统。有较为丰富的带队经验。性格开朗大方、健谈，上至老年人，下至小孩子都可以打成一片。有
7	南方的孩子想看雪，气象说***上今日大雪，特意赶过来，可惜没下，反倒变成了一片白雾，白茫茫的也是一道风景，给搭索
8	必须点赞，行程很充实，路线安排也特别好，旅行社安排的导游人报别好，嗓子虽然哑了，但是还是依然坚持讲完所有东西
9	在纠结自由行还是报团的时候选择了报团，因为一开始搞不懂ABC线。不过报团也有好处，就是有导游带着讲解，多了一些
10	行程很充实，路线安排也特别好，旅行社安排的导游人特别好，嗓子虽然哑了，但是还是依然坚持讲完所有东西。方方面面
11	为了省心，为了方便，为了少走弯路，跟的一日团，特别舒心，导游全程很负责，讲解的还不错，省得自己各种问，而且价
12	这次***一日游真是太棒了！导游的讲解非常细致，他们对每个景点都有深入的了解，而且能够回答我们的问题。整个行程安
13	网上下的订单，考虑旅游景点人多，取票等麻烦，所以就报了个团。其实若不是旺季，在这个景点玩真不需要抱团，一路上
14	我们是8个人一起来玩的，大家都有很好的体验。这里的风景确实让人感叹大自然的鬼斧神工。刘导非常细心，讲解很专业，
15	对这次出行，特别满意，导游服务特别好，从接待，到取票，再到讲解，特别认真负责，因为我带了好几个孩子，路上会比
16	导游小姐姐人很好，接送的师傅也是超级好，很健谈，我自己去早了，师傅担心我一个人在路边等的无聊，提前出发去酒店
17	风景美如画，导游认真负责，行程安排合理，完美一日游，值得推荐
18	我们的导游是不是“仙女下凡”，太优秀了，天选之女，秀外慧中，多才多艺，虽然是阴雨天气没有画面感，但是因为导游的耐
19	导游非常热情，山歌唱得也很好听，，***雾凇也看到了 非常好看，行程安排得也很丰富 游玩的地方很多！！值得推荐！
20	景色很漂亮，就是雾大了一点，很值得来
21	***值得去玩，风景能对的起他的名气，报团很划算，性价比高，导游讲解得很详细，悬崖上的玻璃栈道，99道弯的山路，国

图7-12　部分评论内容

案例需求：从评论中筛选出现频率较高的内容，以词云图方式显示，让浏览者能够快速知道使用过该产品的用户的真实体会，为浏览者提供一些参考。

从需求出发，使用评论文本完成词云图，需要经过读取文件内容、删除重复内容、文本分词、去除停用词、统计词频、生成词云图等步骤。下面将一步一步操作，实现这些功能。

（一）导入相关库，并读取文件

为完成上述相关功能，需要导入的库比较多，如读取文件及删除重复值需要使用pandas库，文本分词、去除停用词需要使用jieba和jieba.posseg模块，统计词频需要使用FreqDist，生成词云图需要使用WordCloud。

具体代码如下。

```
#导入相关库
from nltk import FreqDist
import jieba
import jieba.posseg as pseg
from wordcloud import WordCloud
import matplotlib.pyplot as plt
import pandas as pd

# 读取文本
text_data = pd.read_excel('D:\\external_data\\pinglun.xlsx')
text_data
```

代码执行后，运行结果如图7-13所示。

	评论
0	服务周到，讲解很好！值得推荐！！！
1	感谢带领我们游玩***景区！我们带一个小孩本觉得会多费心的，不想全程欢声笑语。旅游服务感非常...
2	这个绝对要给5星。首先是景点很漂亮。作为一个30岁走遍半个地球的我来说居然一直没有去过***...
3	必须点赞，行程很充实，路线安排也特别好，旅行社安排的导游人特别好，嗓子虽然哑了，但是还是依然...
4	导游富有激情，不拘泥于传统。有较为丰富的带队经验。性格开朗大方，健谈上至老年人，下至小孩子都...
5	南方的孩子想看雪，气象说***上今日大雪，特意赶过来，可惜没下，反倒变成了一片白雾，白茫茫的...
6	必须点赞，行程很充实，路线安排也特别好，旅行社安排的导游人特别好，嗓子虽然哑了，但是还是依然...
7	在纠结自由行还是报团的时候选择了报团，因为一开始搞不懂ABC线。不过报团也有好处，就是有导游...
8	行程很充实，路线安排也特别好，旅行社安排的导游人特别好，嗓子虽然哑了，但是还是依然坚持讲完所...
9	为了省心，为了方便，为了少走弯路，跟的一日团，特别舒心，导游全程很负责，讲解的还不错，省得自...
10	这次***一日游真是太棒了！导游的讲解非常细致，他们对每个景点都有深入的了解，而且能够回答我...

图7-13　读取文件结果（部分内容）

（二）删除重复内容

由于收集的评论中有部分内容是重复显示的，因此需要将重复显示的内容删除。这里先统计原始内容的行数。代码如下。

```
#统计行数
text_data.count()
```

代码运行后，显示的结果如图7-14所示。

```
评论      50
dtype: int64
```

图7-14　原内容的行数

```
评论      43
dtype: int64
```

图7-15　删除重复行后的行数

现将原内容里重复的内容删除，并将删除后的索引值重新编排，然后统计删除后的内容的行数。具体代码为

```
#删除重复行
text_data = text_data.drop_duplicates()

#重置索引值
text_data = text_data.reset_index(drop=True)

#统计行数
text_data.count()
```

代码运行后，运行结果如图7-15所示。

（三）文本分词

对删除重复行后的内容进行分词，采用精确模式进行分隔，代码如下。

```
# 使用精确模式进行分词
seg_list = jieba.lcut(str(text_data['评论'].values), cut_all=False)
```

（四）去除停用词

由于评论文本里有很多无意义的单词和词语，这些词需要去除掉，这里将停用词提前设置好，保存在D盘的external_data文件夹的文本文件stop_words.txt中。

```
# 读取停用词文件
f = open('D:\\external_data\\stop_words.txt', encoding='utf-8')
text_data1 = f.read()
stopwords = set(text_data1)

# 初始化一个空列表来存储筛选后的单词
filtered_words = []

# 去除停用词
for word in seg_list:
    if word not in stopwords:
        filtered_words.append(word)

print("\n去除停用词后: " + "/ ".join(filtered_words))
```

代码执行后，运行结果如图7-16所示。

```
去除停用词后: [/ 服务周到/ 讲解/ 值得/ 推荐/
/ 感谢/ 带领/ 我们/ 游玩/ 景区/ 我们/ 一个/ 小孩/ 觉得/ 会多/ 费心/ 不想/ 全程/ 欢声笑语/ 旅游/ 服务/ 感/ 非常/ 不错/ 唯 ·/ 遗憾/ 就是/
早上/ 去/ 时候/ 大雾/ 很多/ 景点/ 看到/ 下次/ 天气/ 时候/ 一次/
/ 这个/ 绝对/ 要/ 是/ 首先/ 景点/ 很漂亮/ 作为/ 一个/ 30/ 走遍/ 半个/ 地球/ 来说/ 居然/ 一直/ 没有/ 去过/ 不得不/ 承认/ 这次/ 行/ 真的/
震撼/ 门洞/ 超级/ 壮观/ 索道/ 过瘾/ 其次/ 导游/ 不错/ 全程无/ 购物/ 帮忙/ 预约/ 下山/ 索道/ 耽误时间/ 总之/ 满意/ 这次/ 行程/
```

图7-16　去除停用词运行结果（部分）

（五）统计词频

根据上面去除停用词的结果，统计出每个词语出现的次数，即统计词频。具体代码如下。

```
#词频统计
f_list = FreqDist(filtered_words)
mc_words = f_list.most_common()
mc_words
```

（六）生成词云图

词云图的形状使用一张图片的图像形状，该图片保存在D盘的external_data文件夹中，命名为beijing.png。词云的背景色为白色，宽度为1400，高度为700，生成词云图显示出来，然后保存在D盘的external_data文件夹中，命名为pywordcloud-7.png。

具体代码如下。

```
import numpy as np
from PIL import Image
# 加载遮罩图像
ra1 = Image.open('D:/external_data/beijing.png')
mask_image = np.array(ra1)

#生成词云图
wdc3 = WordCloud(font_path='C:/Windows/Fonts/simkai.ttf',
                 background_color='white',
                 width=1400,
                 height=700,
             mask=mask_image)
wdc3.generate(" ".join(filtered_words))

# 显示词云图
plt.figure(figsize=(14, 7))
plt.imshow(wdc3, interpolation='bilinear')
plt.axis('off')  # 不显示坐标轴
plt.show()

#保存词云图
wdc3.to_file("D:/external_data/pywordcloud-7.png")
```

代码运行后，执行结果如图7-17所示。

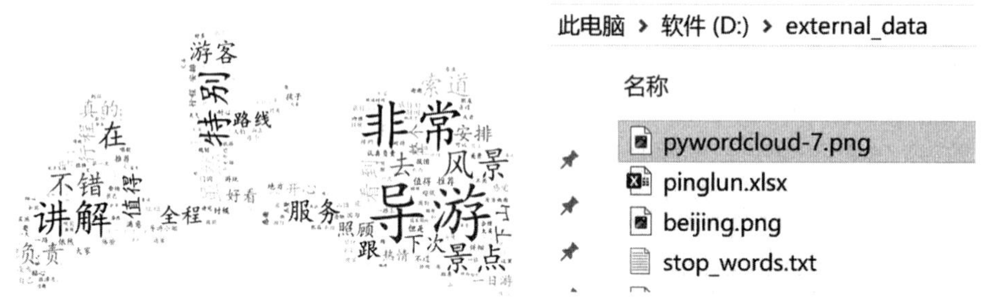

图7-17　生成的词云图及词云图保存的位置

本节主要介绍使用WordCloud和jieba完成对旅游评论数据处理，从读取文件，文本分词、去除停用词，生成词云图等逐步描述操作方法。这些操作环境均为Python。也有较新版本的Excel，如Excel 2019或更高版本，用户可以在“插入”选项卡下的“全部图表”中找到词云图选项（这并非所有版本都支持），如果可用，用户可以直接在Excel中制作词云图。对于Excel大多数版本不能直接生成词云图，若想在Excel中生成词云图，可以使用第三方插件，如E2D3，通过Excel的“加载项”功能，从应用商店中搜索并安装这些插件，然后在Excel中使用它们来生成词云图。

第八章 使用Python完成旅游数据综合项目

随着经济的快速发展，旅游已成为人们节假日休闲娱乐的首选活动。上海作为我国对外开放的重要窗口，近年来的发展日新月异，吸引了众多游客前来观光。上海拥有众多著名的旅游景点，例如外滩、东方明珠、豫园、迪士尼乐园等，它们各具特色，深受游客喜爱。

为了更好地了解游客对上海景点的评价，本项目利用某旅游平台的公开数据，主要是上海市各旅游景点的点评数、星级、攻略提及次数、点评信息等，通过对这些数据进行数据处理和可视化分析，以图表的形式呈现游客对各个景点的评价情况，帮助游客更全面地了解景点特色和受欢迎程度，更方便游客制定行程规划，为游客提供更直观的参考。

一、数据来源

获取网上公开的数据，数据主要为上海市各旅游景点的经纬度、景点名称、点评数、星级、攻略提到的次数等信息，将这些数据（数据获取截止时间为2024年7月28日）保存到本地，保存的路径及文件名：D:\external_data\lvyou.csv。部分数据如图8-1所示。

```
lvyou.csv - 记事本
文件(F) 编辑(E) 格式(O) 查看(V) 帮助(H)
lat,lng,景点名称,攻略提到的数量,点评数,星级
31.06138,121.727995,上海野生动物园Shanghai Wild Animal Park,14,23130,94%
31.211648,121.50934,黄浦滨江Huangpu Binjiang,0,50,92%
31.229013,121.484025,淮海公园Huaihai Park,2,227,90%
31.238252,121.479656,人民公园Shanghai People's Park,11,661,92%
31.148267,121.671964,上海迪士尼度假区Shanghai Disney Resort,151,33362,94%
31.243453,121.497204,外滩The Bund,492,48701,96%
31.2136212,121.4463596,武康路Wukang Road,33,432,94%
31.2454172,121.50635,东方明珠Oriental Pearl Radio & Television Tower,229,47217,94%
31.232396,121.497994,城隍庙旅游区Shanghai City God Temple Tourist Area,30,5643,94%
31.232431,121.49909,豫园Yu Garden,181,10350,94%
31.229947,121.451595,静安寺Jing'an Temple,34,884,92%
31.24957,121.49699,外白渡桥Garden Bridge,74,1312,94%
31.214113,121.474974,田子坊Tianzifang,216,3395,88%
31.234149,121.482358,上海博物馆Shanghai Museum,59,2390,94%
31.241221,121.469143,上海自然博物馆Shanghai Natural History Museum,18,2154,96%
```

图8-1　部分上海旅游景点数据

二、数据处理

（一）数据读取及拆分

将准备好的数据，使用pandas库读取lvyou.csv文件，将读取的文件拆成两个文件，一个文件用来存储经纬度和景点名称，一个文件用来存储景点名称、攻略提到的数量、点评数、星级。

（1）读取文件lvyou.csv数据，并将前10条数据显示出来。

具体代码如下。

```
import pandas as pd

#读取lvyou.csv数据到数据框data
data=pd.read_csv('D:\external_data\\lvyou.csv')
data.head(10)
```

代码执行后，结果如图8-2所示。

	lat	lng	景点名称	攻略提到的数量	点评数	星级
0	31.061380	121.727995	上海野生动物园Shanghai Wild Animal Park	14	23130	94%
1	31.211648	121.509340	黄浦滨江Huangpu Binjiang	0	50	92%
2	31.229013	121.484025	淮海公园Huaihai Park	2	227	90%
3	31.238252	121.479656	人民公园Shanghai People's Park	11	661	92%
4	31.148267	121.671964	上海迪士尼度假区Shanghai Disney Resort	151	33362	94%
5	31.243453	121.497204	外滩The Bund	492	48701	96%
6	31.213621	121.446360	武康路Wukang Road	33	432	94%
7	31.245417	121.506350	东方明珠Oriental Pearl Radio & Television Tower	229	47217	94%
8	31.232396	121.497994	城隍庙旅游区Shanghai City God Temple Tourist Area	30	5643	94%
9	31.232431	121.499090	豫园Yu Garden	181	10350	94%

图8-2　data前10条数据

（2）拆分数据，一个文件保存为lan_lon_shanghai.csv，另一个文件保存为scenic_shanghai.csv。

具体代码如下。

```
#读取lvyou.csv数据的前三列到数据框data0
data0=pd.read_csv('D:\external_data\\lvyou.csv',usecols=[0,1,2])

#更改列名"景点名称"为"name"
data0.rename(columns={'景点名称':'name'},inplace=True)
#保存data0数据到文件lan_lon_shanghai.csv
data0.to_csv('D:\external_data\\lan_lon_shanghai.csv',index=0)

#删除data里的2列'lat'和'lng'
data1=data.drop(['lat','lng'],axis=1)
#保存data1数据到scenic_shanghai.csv
data1.to_csv('D:\external_data\\scenic_shanghai.csv',index=0)
data0.head(10)
```

代码运行后，会在D:\external_data文件夹里生成文件lan_lon_shanghai.csv和scenic_shanghai.csv，同时，显示data0前10条的数据，结果如图8-3所示。

	lat	lng	name
0	31.061380	121.727995	上海野生动物园Shanghai Wild Animal Park
1	31.211648	121.509340	黄浦滨江Huangpu Binjiang
2	31.229013	121.484025	淮海公园Huaihai Park
3	31.238252	121.479656	人民公园Shanghai People's Park
4	31.148267	121.671964	上海迪士尼度假区Shanghai Disney Resort
5	31.243453	121.497204	外滩The Bund
6	31.213621	121.446360	武康路Wukang Road
7	31.245417	121.506350	东方明珠Oriental Pearl Radio & Television Tower
8	31.232396	121.497994	城隍庙旅游区Shanghai City God Temple Tourist Area
9	31.232431	121.499090	豫园Yu Garden

图8-3　data0前10条数据

显示data1前10条的数据，代码如下。

```
data1.head(10)
```

显示data1前10条的数据，结果如图8-4所示。

	景点名称	攻略提到的数量	点评数	星级
0	上海野生动物园Shanghai Wild Animal Park	14	23130	94%
1	黄浦滨江Huangpu Binjiang	0	50	92%
2	淮海公园Huaihai Park	2	227	90%
3	人民公园Shanghai People's Park	11	661	92%
4	上海迪士尼度假区Shanghai Disney Resort	151	33362	94%
5	外滩The Bund	492	48701	96%
6	武康路Wukang Road	33	432	94%
7	东方明珠Oriental Pearl Radio & Television Tower	229	47217	94%
8	城隍庙旅游区Shanghai City God Temple Tourist Area	30	5643	94%
9	豫园Yu Garden	181	10350	94%

图8-4　data1前10条数据

（二）数据筛选

读取scenic_shanghai.csv数据，从中筛选出“攻略提到数量”大于150的景点。具体代码如下。

```
import pandas as pd
#读取scenic_shanghai.csv数据到数据框data3
data3=pd.read_csv('D:\external_data\\scenic_shanghai.csv')

#提取攻略提到次数大于150的景点
data4=data3[data3['攻略提到的数量']>150]

#将满足条件的数据存到文件shanghai_strategy.csv中
data4.to_csv('D:\external_data\\shanghai_strategy.csv',index=0)
data4
```

代码执行后，首先读取scenic_shanghai.csv数据到数据框data3中，接着从中筛选出“攻略提到数量”大于150的景点数据到数据框data4中，然后将数据框data4存入文件shanghai_strategy.csv。因此，在D:\external_data文件夹里生成文件shanghai_strategy.csv。最后，显示data4的数据如图8-5所示。

	景点名称	攻略提到的数量	点评数	星级
4	上海迪士尼度假区Shanghai Disney Resort	151	33362	94%
5	外滩The Bund	492	48701	96%
7	东方明珠Oriental Pearl Radio & Television Tower	229	47217	94%
9	豫园Yu Garden	181	10350	94%
12	田子坊Tianzifang	216	3395	88%
18	上海城隍庙道观City God Temple of Shanghai	214	2083	92%

图8-5　筛选出的数据

（三）修改数据

读取文件shanghai_strategy.csv，去除所有景点名称中的英文，只保留中文，如“外滩The Bund”，修改后应为“外滩“。这里一共只有四个值需要修改，则使用df.replace()来实现。

具体代码如下。

```
import pandas as pd

#读取scenic_shanghai.csv数据到数据框data3
df=pd.read_csv('D:\external_data\\shanghai_strategy.csv')

#修改景点名称，只保留中文名称
df['景点名称'].replace('外滩The Bund','外滩',inplace=True)
df['景点名称'].replace('上海城隍庙道观City God Temple of Shanghai',
                '上海城隍庙道观',inplace=True)
df['景点名称'].replace('东方明珠Oriental Pearl Radio & Television Tower',
                '东方明珠',inplace=True)
df['景点名称'].replace('田子坊Tianzifang','田子坊',inplace=True)
df['景点名称'].replace('上海迪士尼度假区Shanghai Disney Resort',
                '上海迪士尼度假区',inplace=True)
df['景点名称'].replace('豫园Yu Garden','豫园',inplace=True)

#将修改后的数据存到文件shanghai_strategy2.csv
df.to_csv('D:\external_data\\shanghai_strategy2.csv',index=0)
df
```

代码执行后，可以发现D:\external_data文件夹中多出了一个文件，文件名为shanghai_strategy2.csv，同时，显示的结果如图8-6所示。

	景点名称	攻略提到的数量	点评数	星级
0	上海迪士尼度假区	151	33362	94%
1	外滩	492	48701	96%
2	东方明珠	229	47217	94%
3	豫园	181	10350	94%
4	田子坊	216	3395	88%
5	上海城隍庙道观	214	2083	92%

图8-6　修改数据后的结果

（四）数据排序

读取文件shanghai_strategy2.csv，对此文件里的数据进行排序，按照关键字“攻略提到的数量”的升序排序，具体代码如下。

```
import pandas as pd

#读取scenic_shanghai.csv数据到数据框data3
df1=pd.read_csv('D:\external_data\\shanghai_strategy2.csv')

df1.sort_values(by='攻略提到的数量',axis=0,inplace=True)
df1.to_csv('D:\external_data\\shanghai_sort_values.csv',index=0)
df1
```

代码运行后，显示的结果如图8-7所示。

	景点名称	攻略提到的数量	点评数	星级
0	上海迪士尼度假区	151	33362	94%
3	豫园	181	10350	94%
5	上海城隍庙道观	214	2083	92%
4	田子坊	216	3395	88%
2	东方明珠	229	47217	94%
1	外滩	492	48701	96%

图8-7　排序后的数据

同时，D:\external_data文件夹中也会多出一个文件，文件名为shanghai_sort_values.csv。该文件里存储的就是排序后的数据。

三、数据可视化

（一）使用排序后的数据绘制条形图

经过前期对数据的读取、拆分、筛选、修改和排序，发现各景点在攻略中被提到次数与各景点被点评数量并不存在直接关系，在对筛选的数据排序后，可以用条形图来清晰地展示各景点的点评数据。

具体代码如下。

```
import pandas as pd
import matplotlib
import matplotlib.pyplot as plt

#设置中文字体
matplotlib.rc('font', family='Microsoft YaHei')

#读取shanghai_sort_values.csv数据到数据框df2
df2=pd.read_csv('D:\\external_data\\shanghai_sort_values.csv')

#绘制条形图
plt.figure(figsize=(10,6))
plt.barh(df2['景点名称'],df2['点评数'],align='center',
         color='b',alpha=0.6)

#添加标题与X轴Y轴标签
plt.ylabel('景点名称')
plt.title('上海景点名称与点评数条形图')
plt.xlabel('点评数')

#显示网络线
plt.grid(True,axis='x',ls=':',color='b',alpha=0.5)

#保存图片
plt.savefig('D:\\external_data\\barhphoto.png')

#显示图片
plt.show()
```

代码运行后，绘制的条形图会保存在D:\external_data文件夹中，命名为barhphoto.png，同时条形图也会显示出来，如图8-8所示。

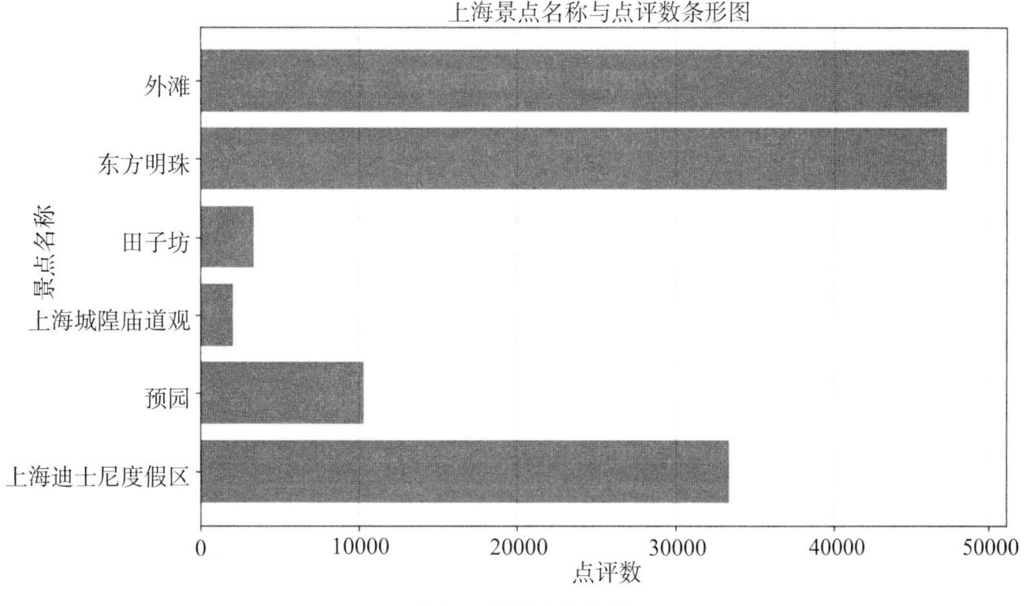

图8-8　绘制的条形图

（二）使用排序后的数据绘制饼图

为了直观地看出各景点在攻略中被提到的数量在全部数量中的比例，现使用排序后的数据，以攻略提到数量为依据，绘制饼图以展示各景点攻略中提到的数量占总数量的比例。具体代码如下。

```
import pandas as pd
import matplotlib
import matplotlib.pyplot as plt
import numpy as np

#设置中文字体
matplotlib.rc('font', family='Microsoft YaHei')

#读取shanghai_sort_values.csv数据到数据框df3
df3=pd.read_csv('D:\\external_data\\shanghai_sort_values.csv')

#分裂显示占比数据
explode = (0, 0, 0, 0, 0, 0.1)
colors = ['gold', 'yellowgreen', 'lightcoral',
          'lightblue','red','orange']

#绘制饼图
df3=np.array(df3)
plt.pie(df3[:,1],labels=df3[:,0],explode=explode,
        autopct='%1.1f%%',colors=colors,startangle=140)

#添加标题
plt.title('各景点攻略提到数量占比饼图')

#保存图片
plt.savefig('D:\\external_data\\piephoto.png')

#显示图片
plt.show()
```

代码运行后，绘制的饼图会保存在 D:\external_data 文件夹中，命名为 piephoto.png，同时饼图也会显示出来，如图 8-9 所示。

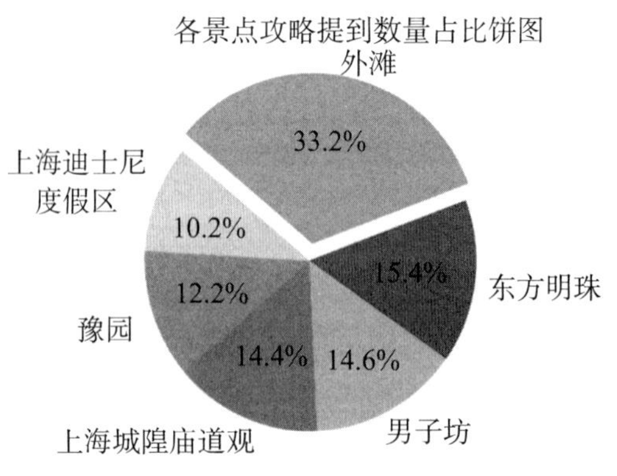

图 8-9　绘制的饼图

四、结果解释

本项目从数据的来源、数据处理，包括数据的读取、拆分、筛选、修改和排序，以及数据可视化操作对获取的上海旅游景点公开数据进行分析，这一系统操作可以为游客提供更全面、直观的上海旅游景点信息，帮助游客更好地了解景点的特色和受欢迎程度，并制定更合理的行程规划。同时，本项目也可以为旅游景点管理者提供参考，帮助他们了解游客需求，提升服务质量，吸引更多游客。

参 考 文 献

[1] 张俊红. 对比Excel，轻松学习Python数据分析[M]. 北京：电子工业出版社，2019.

[2] 高春艳，刘志铭. Python数据分析从入门到实践[M]. 长春：吉林大学出版社，2020.

[3] CSDN博客. Seaborn入门指南：初学者必知的Python数据可视化库[EB/OL]. https://blog.csdn.net/qq_41387939/article/details/134746089.

[4] 腾讯云开发者社区. 一个基于Matplotlib的Python数据可视化库：Seaborn[EB/OL]. https：//cloud.tencent.com/developer/article/2299592.

[5] 百家号. 数据可视化:它是什么，它为什么重要?[EB/OL]. https：//baijiahao.baidu.com/s?id=1780890028947219619&wfr=spider&for=pc.

[6] CSDN博客. Python的Matplotlib库：数据可视化的利器[EB/OL]. https：//blog.csdn.net/weixin_49097920/article/details/133983011.

[7] CSDN博客. Python NumPy 库详解[EB/OL]. https://blog.csdn.net/xiangxi1204/article/details/139639296.

[8] W3Cschool. NumPy:Python的强大数值计算库[EB/OL]. https://m.w3cschool.cn/article/54625166.html.

[9] 腾讯云开发者社区. 深入学习NumPy库在数据分析中的应用场景[EB/OL]. https://cloud.tencent.com/developer/article/2392871

[10] CSDN博客. 认识pandas. [EB/OL]. https：//blog.csdn.net/xiaoyang01234/article/details/133078500.

[11] CSDN博客. Python数据分析——Pandas数据结构详讲[EB/OL]. https://blog.csdn.net/weixin_50804299/article/details/137273539.

[12] CSDN博客. 数据分析——数据分析是什么?[EB/OL]. https://blog.csdn.net/qq_52007481/article/details/122410856.

[13] IT之家. TIOBE发布4月编程指数排行榜[EB/OL]. https://www.ithome.com/0/760/873.htm.